NOUVEAUX SOUVENIRS

DE

VERDELAIS

OU

LES TROIS ENFANTS DE MARIE;

ouvrage faisant suite

AUX **LETTRES SUR N.-D. DE VERDELAIS**,

Approuvé par Son Éminence le Cardinal DONNET, *Archevêque de Bordeaux.*

BORDEAUX.

IMPRIMERIE DE TH. LAFARGUE, LIBRAIRE,

RUE PUITS DE BAGNE-CAP, 8.

1856.

NOUVEAUX SOUVENIRS

DE

VERDELAIS

OU

LES TROIS ENFANTS DE MARIE.

AVIS DE L'ÉDITEUR.

Pour la commodité des personnes qui voudraient réunir cet Opuscule aux *Lettres sur N.-D. de Verdelais*, nous l'imprimons dans le même format.

NOUVEAUX SOUVENIRS

DE

VERDELAIS

OU

LES TROIS ENFANTS DE MARIE;

ouvrage faisant suite

AUX LETTRES SUR N.-D. DE VERDELAIS,

Approuvées par Son Éminence le Cardinal DONNET, Archevêque de Bordeaux.

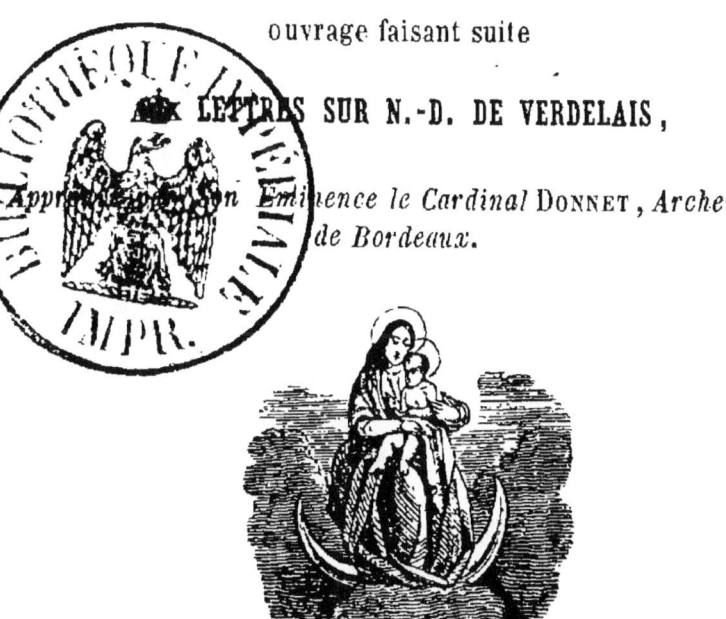

BORDEAUX.

IMPRIMERIE DE TH. LAFARGUE, LIBRAIRE,

RUE PUITS DE BAGNE-CAP, 8.

1856.

A JÉSUS-HOSTIE

résidant pour notre amour

DANS L'ADORABLE SACREMENT,

ET

A MARIE,

Mère de Jésus.

DÉCLARATION.

Soumis de cœur à la sainte Église Romaine, et pour obéir aux décrets des Souverains Pontifes, je déclare que les faits rapportés dans cet écrit ne méritent qu'une foi humaine, et que si je donne le nom de saint ou d'autres titres honorifiques à ceux dont je parle, ce n'est pas dans l'intention de prévenir le jugement de l'Église, mais uniquement en témoignage de mon estime et de ma vénération.

AVANT-PROPOS.

Notre première intention a été d'offrir ces pages aux pèlerins qui viennent retremper leur vertu dans le vénéré Sanctuaire de Verdelais, comme une innocente distraction au milieu des occupations plus graves de leur retraite.

Présumerons-nous trop de nous-même, en pensant que cette lecture pourrait être aussi de quelque utilité aux élèves du Sanctuaire, aux âmes consacrées à Dieu, aux personnes de piété vivant au milieu du monde, surtout aux malades ?

Ce sont des faits édifiants que nous avons recueillis à Verdelais même, lorsque, transporté pour la première fois au milieu des paisibles possessions de Notre-Dame, nous interrogeâmes, dans un sentiment de curiosité toute filiale, les pieux souvenirs de cette aimable solitude.

Trois tombes s'étaient fermées récemment, et il s'en exhalait encore un parfum céleste dont nous trouvâmes le pays embaumé.

Un jeune homme à peine entré dans l'adolescence, une pieuse fille que son ardent amour pour Dieu, plus encore que la maladie, avait consumée avant le temps, un prêtre honoré depuis quelque mois du Sacerdoce : tels étaient les trois amis de Jésus qui s'étaient endormis du sommeil des saints, entre les bras de Marie et à l'ombre de sa protection.

La vie du premier s'était écoulée sans bruit et sans éclat, comme l'eau solitaire et limpide, qui se cache sous les fleurs et la verdure qu'elle fait naître. Nous n'avons donc pu recueillir que peu de détails sur cette belle existence : car le principal mérite du vertueux enfant a été de faire d'une manière parfaite des actions communes. De plus, la modestie de sa respectable mère a fait obstacle à nos désirs, et nous n'avons pu lui arracher qu'avec peine quelques communications. « La vie de mon saint enfant, nous écrivait-elle, toute de prière et d'étude, passée au pied des autels et sans évènements, est peu propre à être écrite. » Néanmoins, nous n'avons pas cru qu'il nous fût possible de ne pas en dire quelque chose, ne fût-ce que pour échapper au reproche qu'auraient pu nous adresser ceux qui ont conservé de lui un souvenir plein de vénération. Considérant donc les dernières années que ce bon jeune homme a passées sur la terre, comme la veille, la préparation de sa mort bienheureuse, (et il en était certainement ainsi dans les desseins de la Providence), nous avons cherché à justifier, en citant quelques paroles et quelques faits, la haute opinion qu'ont eue de lui, comme nous le verrons, ses directeurs et ses condisciples. La poésie et l'amitié sont venues pleurer sur son tombeau ; nous avons recueilli, pour la pieuse satisfaction des pèlerins, ces larmes brillantes et colorées, semblables à celles que la rosée verse dans le calice des fleurs.

Les derniers jours de l'humble vierge qui s'est sanctifiée en silence à Verdelais, sous le regard de Marie, et s'est éteinte bien avant son midi, offrent, nous le croyons, plus d'intérêt pour la piété. Nous avons eu le bonheur de trouver plusieurs écrits dans lesquels elle s'est peinte elle-même, et d'ailleurs sa vertu avait atteint un degré de maturité, d'*héroïcité* même, qui se rencontre rarement. Aussi, dans notre pensée, (car c'est à Dieu seul à juger du mérite de ses serviteurs), il nous semble qu'elle brille d'un éclat particulier entre les deux compagnons que la mort et notre faible plume lui donnent.

Quant au prêtre que la mort a dépouillé, pièce à pièce, pendant un an de tous ses désirs, de tous ses attachements, et de toutes les espérances de la jeunesse, du talent et du zèle, sans qu'il ait cessé de baiser sa main spoliatrice comme étant celle de Dieu même, nous nous sommes contenté de copier textuellement les pages qui ont été écrites sur lui par son respectable frère, vicaire-général du diocèse de Belley.

Puisse la bénédiction du ciel descendre sur les lignes que nous traçons! Puissent nos lecteurs, à la lumière de cette bénédiction céleste, entrevoir combien on peut trouver de douceur dans la maladie, dans l'amertume même de la mort, quand on ne la regarde que dans la volonté divine, et quand on veut la souffrir par amour pour Jésus!

WILLIAM CROFTON.

WILLIAM CROFTON [1]

MORT LE 5 NOVEMBRE 1859.

Dans la seconde moitié de l'année 1839, un grand nombre de pèlerins demandaient au gardien de la sainte Chapelle de Verdelais, quel était ce jeune homme qu'on apercevait au milieu du sanctuaire dans l'attitude d'un ange adorateur, et qui, par sa modestie, sa religion profonde, et aussi par la

---

[1] Nous n'avons pas cru pouvoir taire les noms de famille du pieux lévite et du saint prêtre

céleste beauté répandue sur ses traits, semblait rappeler saint Louis de Gonzague.

Ce pieux et intéressant lévite était WILLIAM CROFTON, d'origine irlandaise, né le 4 Mars 1818 à la Réole, département de la Gironde.

Ce n'est pas que, dans son enfance, William eût été entièrement exempt des petits défauts qui sont le triste apanage de l'homme déchu par le péché originel; mais la Première Communion avait été pour cet enfant de bénédiction, comme elle est pour ceux que Dieu prévient de sa grâce, une époque de renouvellement, et il commença dès-lors à être ce qu'il fut toute sa vie. Attentif à

---

dont nous racontons les vertus. A l'égard du premier, les membres du clergé qui furent, au séminaire, ses condisciples, ses amis ou ses guides, nous auraient reproché cette omission; le second était déjà connu.

réprimer par de courageux efforts les saillies de son caractère en vue de plaire à Dieu, il parvint tellement à se maîtriser lui-même et à dominer son humeur que, dans les dernières années, la douceur semblait lui être devenue naturelle. Telle est la première condition de la vie chrétienne, à peine s'aperçoit-on qu'on existe, qu'il faut prendre les armes et combattre.

Ces bonnes dispositions, soutenues par l'insinuante prédication des exemples domestiques, prédication que rien ne saurait remplacer dans l'éducation de l'enfance, se manifestèrent bientôt par de généreux désirs.

A un âge où les jeunes gens ne sont ordinairement sensibles qu'au plaisir, à quinze ans, William, aspirant au dévouement sublime du sacerdoce, avait revêtu l'habit ecclésiastique, et renoncé par avance aux avantages qu'il eût pu rencontrer dans le monde et aux jouissances que les bons cœurs goûtent dans les familles dont tous les membres s'aiment et s'estiment : innocente et précieuse satisfaction, la plus douce après celle du détachement et de l'amour divin.

A dater de cette époque mémorable, on ne trouve plus, pour ainsi dire, en William de traces de l'enfance, et sa correspondance, que nous avons sous les yeux, entièrement étrangère aux choses d'ici-bas, semble être un pur reflet du ciel.

A la tête de toutes ses dévotions, apparaissent, comme la source première des grâces qu'il reçut et des vertus qu'il pratiqua, un tendre amour pour le Sacré-Cœur de Jésus et pour l'adorable Eucharistie, la méditation affectueuse de la Passion du Sauveur et une confiance filiale en la bienheureuse Vierge Marie.

Nous nous écarterions de notre but, en entrant dans de trop grands détails à ce sujet; qu'il nous suffise de dire que, dès-lors, pour consoler le cœur de Jésus de l'oubli et de l'ingratitude des hommes, il s'imposait des pénitences et exhortait à la même pratique ceux sur qui il avait quelque ascendant. La mortification est une des premières inspirations que l'Esprit-Saint met au cœur de ceux qui veulent être entièrement à Dieu; c'est le cachet nécessaire de toute vertu véritable.

De cette dévotion tendre et pratique au cœur de Notre-Seigneur, découlait le zèle ardent de William pour le culte de la sainte Eucharistie. Ayant assisté un jour à la réception d'un éminent personnage qui faisait son entrée solennelle à Bordeaux, il vit avec indifférence les pompeuses démonstrations qu'on fit à cette occasion; mais une profonde tristesse s'empara de lui, lorsqu'il fut témoin des irrévérences et de la dissipation auxquelles se livrèrent les curieux et les femmes mondaines dans l'Eglise. Ce spectacle lui perça le cœur. « Ah ! disait-il, est-il possible de traiter ainsi le Dieu trois fois saint ? O monde pervers ! Heureux, mille fois heureux, ceux qui t'oublient et te laissent pour se donner à Jésus ! »

Sa jeunesse fut souvent traversée par la maladie... maux de nerfs, maux d'estomac violents et continuels, maux de tête, souffrances de tout genre, il endura tout avec patience. Ses douleurs de tête lui avaient donné un sentiment de touchante vénération pour la couronne d'épines du Sauveur, et le souvenir de ce sanglant diadème du Roi crucifié, était sans cesse présent à son esprit et adoucissait ses peines. C'était aussi par ces pensées, qu'il cherchait à encourager ceux avec qui il entretenait un pieux commerce de dévotion. « Quelquefois, écrivait-il un jour, nous trouverons le chemin de la vertu semé de ronces et d'épines; mais nous nous rappellerons que la vie de Jésus se passa tout entière dans les afflictions et les souffrances, et nous nous ferons gloire de marcher sur ses traces. »

Etroitement lié avec une sœur que son âge rapprochait davantage de lui, il aimait à lui exposer, aux différentes fêtes de l'année, les mystères que l'Eglise propose à notre vénération, et il l'engageait à recueillir les fruits qu'y a attachés Notre-Seigneur. On est étonné en lisant les brûlantes exhortations que cet enfant tirait de son âme, surtout lorsqu'il faisait le tableau des souffrances de Jésus-Christ.

En une de ces occasions, craignant sans doute quelque retour d'amour-propre, il s'écria tout-à-coup : « Tu vas peut-être me croire un grand saint en m'entendant parler ainsi, moi qui suis un grand pécheur. Ah ! on me regarde comme bien meilleur que je ne suis. N'oublions pas que sans le secours de Dieu, nous ne pouvons même prononcer le saint nom de Jésus d'une manière utile au salut..... » Et il concluait ainsi ses réflexions sur la Passion : « Oh ! combien Jésus-Christ nous a aimés, et qu'il nous aime encore ! Pleurons, pleurons sur nos péchés. Offrons à ce bon Sauveur quelques mortifications ! » Ses sentiments pour la Sainte Vierge Marie étaient aussi vifs, aussi tendres ; les paroles qu'il disait à cet égard aussi animées..... Nous réservons ce que nous avons à en dire, pour l'époque où nous le suivrons à Verdelais.

Le 16 Septembre 1838, William entrait au Grand-Séminaire de Bordeaux.

On comprend facilement qu'une âme ainsi préparée dut se trouver bien dans l'asile de la prière et du recueillement. Il ne cessait de parler du bonheur d'être loin du monde et près de Dieu. Il était tellement épris d'amour pour les choses éternelles, qu'il ne pouvait s'entretenir que de la sainte charité. Un jour, il s'écria : « Ah ! parlons, parlons du bon Dieu ! Ce serait perdre notre temps que de causer de choses inutiles; il vaut mieux l'employer à nous aider mutuellement à suivre le Seigneur ; qu'il soit mille fois béni d'avoir placé ma vie à l'ombre des autels ! »

« La vie que je menais auprès de vous, chère maman, écrivait-il un jour à sa mère, n'était ni bruyante, ni dissipée; mais, me permettrez-vous de le dire, elle est bien différente de celle que je mène ici; car, vous savez, Dieu a dit : *Je conduirai l'âme dans la soli-*

tude, et là, je parlerai à son cœur. Vous ne sauriez croire combien il est consolant de penser, qu'à chaque instant du jour, on est sûr de faire la volonté de Dieu, en obéissant au règlement qui dirige toutes nos actions. Plus de volonté propre : il faut toujours obéir..... Et puis, ni médisances, ni jugements téméraires, ni plaintes, ni murmures... Rien de tout cela ne s'entend dans la maison de Dieu..... On n'y entend que des exhortations touchantes, que des paroles toutes pleines de Dieu. On y goûte une joie pure, un calme et une paix profonde. Je rends mille actions de grâces à Dieu qui m'a appelé dans sa sainte demeure pour fortifier et retremper mon âme qu'une paille renverse, que l'orgueil et l'amour-propre se disputent. Mais je veux la leur arracher, pour la donner tout entière à Jésus qui m'offre un asile dans son cœur sacré, dans ce cœur si aimant où l'on puise l'amour, la douceur, l'humilité... et l'amour, la douceur, l'humilité, c'est le ciel. Priez Dieu, chère maman, qu'il me donne ces trésors. »

Rien de plus touchant que l'étroite intimité qui se forma alors entre le jeune séminariste et le supérieur des élèves de philosophie, le vénérable M. de Cambis, de la Société de Saint-Sulpice, aujourd'hui supérieur du Grand-Séminaire de Bayeux. Le zélé directeur avait deviné l'âme d'élite que le ciel lui envoyait, et il lui voua une tendresse et des soins paternels ; de son côté, William l'aima toujours comme un père, et, voyant en sa personne la personne même et l'autorité de Jésus-Christ, il regardait toutes ses paroles comme autant d'oracles de la volonté divine. Il eût obéi au moindre de ses signes. Ecoutons-le lui-même rendant compte de son âme à son directeur, et lui ouvrant son cœur, lorsqu'il était éloigné de lui ; car le pauvre enfant fut encore malade, et obligé, dès la première année, la seule qu'il passa au Grand-Séminaire, de quitter cette maison pour plusieurs semaines.

Nous extrayons de sa correspondance quelques passages qui feront mieux connaître ses dispositions et les grâces que Dieu répandait sur lui :

« Vos dernières paroles, Monsieur, se sont gravées dans mon cœur. Jamais je n'oublierai la peine et le plaisir que je ressentis, lorsqu'en m'embrassant avec tant d'affection, vous me dites : Je vous regarderai toujours comme un des miens. Ah ! moi aussi, Monsieur, je me regarderai toujours comme un des vôtres............
. . . .

» Jours heureux que j'ai passés au

Séminaire !... J'aimais le silence et la retraite ; j'aimais cette douce et aimable règle ; j'aimais ces instructions simples, solides et pénétrantes ; j'aimais surtout vos conférences spirituelles du soir ; j'aimais tout au Séminaire, et il m'a fallu tout quitter.....

« Je sais que Dieu est partout ; que partout il nous aime ; que partout il mérite notre amour ; mais au Séminaire, tout nous porte à Dieu ; du matin au soir, on est toujours sûr d'être précisément là où il nous veut, de faire précisément ce qu'il veut que nous fassions ; et quoique, à proprement parler, je ne sois pas dans le monde, néanmoins je sens bien que je ne suis pas auprès de vous. Ah ! oui, j'étais heureux ! J'ai tant besoin de quelqu'un qui me conduise, qui me dirige, qui me fasse connaître les voies que je dois suivre. Je vous prie donc, Monsieur, vous qui êtes mon supérieur, c'est-à-dire, mon père, d'être mon guide, mon soutien. Comme le bon pasteur, qui abandonne son troupeau pour chercher la brebis égarée, oubliez quelques instants votre troupeau pour penser à moi, pour m'écrire quelques paroles d'encouragement, pour me donner des conseils, afin que je serve le bon Dieu de tout mon cœur au milieu du monde.

(Et cette lettre si désirée étant venue, il ne put s'empêcher de verser des larmes, si vif était son désir qu'on lui apprît à correspondre à toutes les inspirations de la grâce, si filiale était son affection pour celui qui le dirigeait.)

« Vous voulez savoir des nouvelles de ma santé, Monsieur; elle est toujours en souffrance, j'ai des maux de tête continuels..... Mais permettez que je vous donne des nouvelles de la santé de mon âme. Ah ! celle-là est bien plus importante, et elle n'a pas fait de progrès.

« Je croyais avoir fait quelques efforts, pendant les huit mois passés au Séminaire, pour acquérir l'humilité, la douceur, et je m'aperçois que je me crois encore quelque chose.

« Je trouve la pratique de ces deux vertus plus difficile qu'au Séminaire. Je crains de manquer quelquefois de charité envers mes parents.

« Je ne suis pas assez gai ; je voudrais l'être davantage pour me rendre agréable aux personnes qui m'entourent. Il est vrai qu'il est dans mon caractère d'être sérieux. Ah ! Monsieur, je suis loin d'être un vrai séminariste !

« La mortification me coûte aussi beaucoup plus depuis que j'ai quitté votre sainte maison.

« Je bénis Dieu cependant de mes

souffrances qui me font penser à celles qu'il a endurées pour notre salut.....

« J'aurais besoin d'un ami vertueux, je le sens, avec qui je pusse parler cœur à cœur ; mais je n'ai jamais su en trouver, et je ne laisse pas facilement lire dans mon âme ; enfin, je ne me trouve véritablement heureux et content qu'en Dieu seul.....

« Je reçois tous les jours des marques de la bonté de Dieu. Il me donne un désir ardent de l'aimer ; oui, c'est là tout mon désir. Je préfère l'amour de Dieu à tous les trésors du monde. J'aime beaucoup les aimables vertus de notre divin Sauveur. Je voudrais être comme saint Stanislas de Kotska ; mais les contradictions, les souffrances, le renoncement à soi-même ne sont pas du goût de la nature.....

« Quelquefois je ne puis m'empêcher de penser à mon éloignement du Grand-

Séminaire, et je serais porté à m'affliger en me disant que je suis seul; mais je ne murmure pas, puisque c'est la volonté de Dieu. Je la bénis et je m'y soumets entièrement. »

Ces lignes, prises çà et là dans plusieurs lettres, sont un témoignage de la volonté énergique avec laquelle l'âme de William se portait à Dieu; et, à travers les reproches mêmes qu'il s'adresse, il est facile d'entrevoir ses vertus.

Il ne sera pas sans intérêt de rapprocher du jugement sévère que fait de lui-même le fervent séminariste, les sentiments extraordinaires d'estime qu'il inspirait à ceux qui l'avaient sous leurs yeux : ce contraste fera ressortir son humilité. Un religieux Marianite, autrefois vicaire à la Réole, que nous avions prié de concourir au petit monument que nous voulions élever à la mémoire de William, a daigné nous répondre le 26 Décembre 1855 :

« Il me serait assez difficile, à une telle distance, de me rappeler en détail les actions vertueuses du saint et aimable William. Mais le souvenir de sa douceur et de sa charité s'est tellement gravé dans mon cœur, que le temps ne l'effacera jamais. J'ai été moi-même l'objet de ses charitables attentions, pendant une maladie que je fis à la Réole, et je ne saurais dire tous les soins qu'il me prodigua ; il avait l'esprit d'une vraie sœur de Saint-Vincent-de-Paul.

« A l'exemple du divin Maître, il ressentait une prédilection marquée pour l'enfance ; les petits garçons qui, de son temps, servaient le prêtre à l'Autel, en savent quelque chose.

« Dans son vif désir d'être tout au Seigneur, il me priait de lui parler sans cesse dans mes lettres de l'amour de Dieu et du dévouement sans bornes à son service.

« Le zèle des âmes l'embrasait, et je me souviens que, plusieurs fois, il m'a suggéré lui-même des pensées et des projets, dans le but de procurer la gloire de Dieu et le bien spirituel du prochain : rien ne lui paraissait impossible, tant était grande sa confiance en Notre Seigneur !

« Que vous dirai-je de sa dévotion au très-saint Sacrement de l'Autel? Ses délices étaient de m'accompagner quand je portais la divine Eucharistie aux malades, et il fallait voir alors quel recueillement il avait au milieu des rues que nous parcourions ; son maintien seul inspirait le respect pour *le Dieu qui passait.* Que de fois je m'édifiais à le contempler devant les tabernacles, immobile, le visage enflammé comme un Séraphin ! Il me faisait l'effet d'un ange. Je ne vous parle pas de ses communions ; aussitôt qu'il avait reçu son Sauveur, je voyais sa figure toute en feu ! Oh ! alors, j'aurais voulu être lui-même, et il n'était pas prêtre, lui !...

« Je l'aimai, je le vénérai... Aujourd'hui encore, à son seul souvenir, je sens quelquefois couler mes larmes. ».

Bien persuadé que la science n'est pas moins nécessaire que la piété à celui qui se destine au saint ministère, William se livrait avec courage à l'étude. Nous avons trouvé le règlement qu'il s'était tracé pendant une de ses maladies, peut-être celle dont nous parlons, et nous avons été effrayé des longues heures qu'il consacrait au travail.

Malgré ses souffrances, William sollicita comme une grâce la faveur de reparaître encore au Grand-Séminaire, afin de retremper ses résolutions au contact des bons exemples.

Non content d'endurer les maux que la divine Providence lui envoyait, il en procurait de nouveaux à son corps maladif. Par amour pour la sainte pauvreté, il ne toucha pas à une petite somme d'argent que sa mère lui avait donnée pour s'acheter un manteau, et, quand l'hiver fut passé, il la lui rendit, en disant qu'il avait trouvé un autre moyen de se garantir du froid, et qu'il avait réservé cet argent *pour les étrennes de sa bonne mère.* Il crut aussi qu'il était mieux de ne plus tutoyer sa sœur, et, comme il était résolu à ne jamais rien refuser à la grâce, il fit ce sacrifice en tâchant de le rendre moins pénible à celle qui en était l'objet. Plus tard, lorsqu'il fut dans le noviciat de la Société de Marie, il se soumit avec simplicité à l'avis qu'il reçut de ne rien changer à la première expression de son amitié, et songea moins à transformer son ancien langage qu'à détacher et à purifier de plus en plus son cœur.

Nous venons de prononcer le nom de la Société de Marie qui rappelle la grâce que fit le Seigneur à William, en le confiant à sa propre mère, pour le préparer à paraître bientôt devant lui. Avant d'entrer dans cette époque de sa vie, qu'on peut appeler, en quelque sorte, *la veille de sa bienheureuse mort*, citons une de ses dernières lettres. Si elle tombe entre les mains des jeunes élèves du sanctuaire, ils ne la liront peut-être pas sans quelque intérêt :

« Grand-Séminaire de Bordeaux, 1838.

« Quelques jours encore et j'aurai le plaisir de vous voir, ma chère Maman, et ce plaisir sera bien vif et pour vous et pour moi. Je retrouverai une bonne et tendre Mère, des frères, des sœurs que j'aime comme ils m'aiment eux-mêmes; et vous, ma chère Maman, vous retrouverez un fils qui vous chérit, un fils dont vous aurez été séparée pour la première fois pendant si longtemps. Oui, le jour qui me réunira à vous sera un bien beau jour; mais, comme vous me le dites, le plaisir ici-bas est toujours accompagné de quelques peines, et jamais on n'y goûte une joie parfaite. Ce jour sera donc pour moi semé de regrets et de peines; et comment ne le serait-il pas? Pourrai-je sans verser des larmes quitter cette aimable retraite, ce séjour délicieux où Dieu habite avec ses enfants, où il les nourrit, les élève, et répand sur eux les bienfaits de son amour! Pourrai-je quitter sans regret les Anges qui nous guident ; car c'est bien le nom qui leur convient : il faut vivre avec eux pour s'en faire une idée.

« C'est surtout pendant le mois de Marie que l'on trouve ce séjour aimable, et qu'on comprend la vérité de ces paroles : *Un jour passé dans la maison du Seigneur vaut mieux que mille passés dans la tente des pécheurs.*

« Que je voudrais, ma chère Maman, que vous pussiez assister au Mois de Marie que nous faisons le soir des jours de promenade. Figurez-vous une maison entourée de bois, de belles allées bordées de charmilles ; et, au milieu de ces bois, une belle statue de la très-sainte Vierge, sous un dôme soutenu par huit ou dix petites colonnes. Dès le matin, on s'empresse d'orner cette statue de guirlandes de fleurs, de mousse, et de tout ce que la piété des enfants de Marie peut inventer pour honorer cette divine Mère. Le soir arrivé, nous nous rangeons tous en silence aux pieds de Marie : les rossignols seuls font entendre leur voix. Bientôt des voix harmonieuses, mêlées au son des instruments, entonnent un cantique ; puis on lit la petite méditation ; puis on recommence à chanter, et l'on éprouve je ne sais quoi de délicieux, qui fait goûter une joie, un bonheur que le monde ignore, qu'il n'a jamais goûtés. Après cela, nous nous rendons à notre petite chapelle, pour y adorer celui qui, même au milieu de nos délassements, ne veut pas nous quitter. Et puis, nous nous rangeons autour du petit cimetière qui est à côté de la chapelle, et nous récitons en commun un *De Profundis* pour les âmes de ceux qui y sont enterrés, et c'est ainsi que nous terminons notre journée.

« Vous comprenez bien, chère Maman, qu'il est impossible de ne pas aimer le Grand-Séminaire, et vous ne serez pas étonnée qu'on ait du regret de le quitter.

« Vous voyez aussi combien il nous est facile de servir le bon Dieu; nous sommes entourés de grâces et éloignés des dangers des mauvais exemples. Oh! que nous sommes coupables si nous ne correspondons pas à tant de faveurs du Ciel! Et, puis-je dire que j'y corresponds, que je suis meilleur qu'au commencement de l'année? Cependant, voilà une année bientôt passée, et il ne m'en restera plus que quatre pour entrer dans le terrible ministère qui m'attend, et il faut être saint

pour être prêtre! Oh! priez, priez pour moi, ma chère Maman, les prières d'une mère pour son fils montent jusqu'au trône de Dieu. Mettez-moi surtout sous la protection de la Sainte-Vierge. Je la prie aussi pour vous, cette bonne Mère; je lui demande de vous donner la consolation de voir tous vos enfants unis de cœur et d'âme pour servir et aimer le Seigneur, et j'espère qu'un jour mes vœux seront accomplis »............
. . . .

Tel était le vertueux jeune homme qui, quelques mois plus tard, devait entrer dans le sanctuaire sacré de la Mère de Dieu, à Verdelais, pour planter sa tente à l'ombre de l'Autel.

Avant d'aller recevoir, à la Réole, les embrassements de sa famille, à l'issue de l'année scolaire, William, entraîné par sa tendre dévotion pour la Sainte-Vierge, s'était dirigé vers cette célèbre chapelle, pour y présenter à sa bonne Mère, l'hommage de sa reconnaissance et de son amour, et lui offrir les prémices de ses vacances. Là, il avait fait connaissance avec les prêtres de la Société de Marie que Son Éminence le Cardinal Donnet, Archevêque de Bordeaux, avait appelés depuis peu, de Lyon, pour desservir le Pèlerinage. Cette Congrégation, approuvée trois ans auparavant, sous le titre de *Société de Marie*, le 29 Avril 1836, par Sa Sainteté le Pape Grégoire XVI, fait une profession particulière d'honorer la Mère de Dieu, ainsi que l'indique le nom qu'elle porte, et elle met sous le patronage spécial de cette auguste et miséricordieuse Vierge tous les ministères qu'elle exerce, soit dans les pays infidèles pour l'évangélisation des païens, soit parmi le peuple chrétien, pour l'éducation de la jeunesse, les missions et les retraites. Aussi, ne fut-ce pas sans une disposition spéciale de la Providence, que le premier pas que fit en Europe la Congrégation naissante, en sortant de son berceau, fût dirigé vers un sanctuaire de la Mère de Dieu.

William se sentit doucement attiré par le charme attaché au nom de Marie et par cet aimant secret qu'a pour les âmes généreuses la vocation religieuse et apostolique, et il se retira emportant dans son cœur le sentiment qui devait bientôt le ramener.

« Oh ! écrivait-il à M. de Cambis, son directeur, au mois de Janvier 1839, que je serais heureux, si j'étais un jour entièrement consacré à cette bonne Mère ! »

Mais bien loin de se laisser entraîner par un premier mouvement de ferveur, William procéda dans cette importante affaire avec toute la maturité, avec toute la pureté d'intention d'une âme qui ne cherche que Dieu, que Dieu seul. « Il n'y a, écrivait-il à une personne de sa famille, qu'une seule chose essentielle pour plaire au Seigneur, c'est de faire sa sainte volonté ; et, pour la faire, il faut la connaître, et pour la connaître, il faut prier. Nous sommes sûrs de la connaître en priant beaucoup, en demandant sans cesse à Dieu de nous manifester les vues qu'il a sur nous. » — « Je m'abandonne sans réserve, sans arrière-pensée à la bonne Providence, disait-il à M. de Cambis, le 2 Mars 1839 ; je m'en suis si bien trouvé jusqu'ici ! Mais, comment ne pas tressaillir à la pensée du bonheur que j'aurais, si la bonne Mère me voulait à son service spécial ? Quel plus grand bonheur, en effet, que de consacrer à cette tendre Mère, tous ses jours, tous ses moments, toutes ses respirations, tout soi-même ? Mais mes désirs sont-ils conformes aux vues de la Providence ?

Le bon Dieu sait que je ne veux que sa sainte volonté ! »

Puis William, dans sa résolution bien arrêtée de ne rien faire que ce qu'il croira conforme à cette adorable volonté, prend parti contre lui-même, et il propose à son directeur plusieurs objections au sujet de son entrée dans la Société de Marie. Il conclut par ces mots : « Ordonnez, mon père. Je suis prêt à faire tout ce que vous voudrez. »

Par le conseil de l'homme vénérable qui le dirigeait, William s'adressa à saint Joseph pour connaître les vues de Dieu sur lui, et la neuvaine qu'il fit avec ferveur à ce grand saint, qu'on n'a jamais invoqué en vain, se termina le 19 Mars 1839, jour de sa fête. Peu après, le Jeudi-Saint, afin de faire une douce violence au cœur sacré de Notre-Seigneur, il passa la moitié de la nuit au pied des autels, abîmé de respect et d'amour devant l'adorable Eucharistie.

Enfin, après plusieurs mois d'examen, de prières et d'attente, le 27 Avril 1839, William frappait à la porte de la maison de Marie, et il entrait avec joie dans le pieux asile qu'il avait choisi. Il croyait y venir afin d'y vivre pour Marie; cette bonne Mère l'y conduisait pour l'y faire mourir et lui donner elle-même les derniers traits de ressemblance avec son divin Fils, avant de le transplanter dans l'éternelle patrie.

A dater de ce moment jusqu'à sa mort, la correspondance de William n'est qu'un long cri de bonheur et d'amour répété sous toutes les formes. On sent que la chaleur bienfaisante de la grâce, qui se concentre plus vive et plus ardente dans le Sanctuaire de Verdelais, hâte la maturité de ce beau fruit, et qu'il pourra bientôt être cueilli par le père de famille.

« Je n'ai pu lire les premières lignes de ta lettre, écrivait-il à un parent qu'il aimait tendrement, sans sentir mes yeux mouillés de larmes, et sans remercier le bon Dieu des sentiments qu'il a mis dans ton âme.

« Que nous sommes heureux que Dieu nous ait fait préférer au bruit et au tumulte du monde le calme et la paix de la vertu. Nous avons choisi la meilleure part. Dieu seul peut remplir les insatiables désirs de notre cœur, et lui donner la béatitude. Donnons-lui, tous, nos cœurs; car il nous a tout donné lui-même. Ce n'est que lorsque le Seigneur voit nos cœurs bien dégagés de toute affection, qu'il se plaît à les enrichir des trésors de son amour.

« Ah ! remercie-le pour moi ce bon Sauveur ! Qu'on est bien auprès de Marie ! Si tu étais à ma place, tu profiterais bien mieux que moi du bonheur qui te serait donné d'aller si souvent dans cette sainte Chapelle pour y prier cette aimable Reine, et tu l'aimerais bien davantage. Cependant, depuis que je suis ici, je sens que je désire l'aimer comme elle désire que je l'aime. Le moment le plus doux pour mon cœur est celui où je vais le soir passer quelques instants au pied de son autel. Jette-toi à corps perdu dans le sein de cette bonne Mère. »

Une fois il s'écria : « Ah! Vierge sainte, maintenant que je connais l'amour si tendre que vous avez toujours eu pour moi, je sens mon cœur se briser de douleur de vous avoir connue si tard ! »

A l'exemple de Saint Stanislas de Kotska qu'il semblait avoir pris pour modèle, il aimait à recueillir les textes sacrés les plus glorieux à la mère du Sauveur. C'était comme des charbons ardents avec lesquels il réchauffait dans son cœur, l'amour de Marie.

« Je ne devrais pas te parler de Notre-Dame de Verdelais, disait-il à ce parent dont nous avons déjà fait mention ; c'est te donner encore plus de chagrin de ne pouvoir être toujours dans son sanctuaire béni, puisque tu envies tant mon bonheur. Cependant, je ne puis, quand je le voudrais, m'empêcher de dire : Ah ! qu'elle est bonne ! Comme elle me rend heureux ! Je ne désire rien autre chose que de l'aimer encore plus. C'est, je crois, le grand moyen d'acquérir les vertus solides et la voie pour arriver à l'union à Dieu. Je m'estime donc mille et mille fois heureux de vivre ici sous son regard maternel et à l'ombre de ses autels. Mon âme s'exhale jour et nuit en actions de grâces pour cette inestimable faveur..

« Mais ne t'afflige pas, mon cher

N..., car la Sainte Vierge est à N.... comme à Verdelais, ou plutôt elle est au ciel, et de là, elle sait bien distinguer ses vrais enfants.

« Elle a entendu tes protestations d'amour si souvent répétées; elle te protège comme son enfant chéri.

« Le monde que tu es obligé de voir, tu ne lui appartiens pas; il ne peut rien sur toi. Il ne peut que te faire aimer et resserrer de plus en plus les liens qui t'attachent à Dieu seul. *Avec la méditation, l'attention à la présence de Dieu, et la confiance en Marie, tu n'as rien à craindre.* Partout où Dieu nous appelle, il nous fait entendre sa voix. Tu l'entendras au milieu du monde, puisqu'il te veut au milieu du monde. »

Envoyant une petite statue de la Sainte Vierge à sa sœur pour le jour de sa fête, « Ayons, écrivait-il, toujours sous les yeux et plus encore dans notre cœur, l'image de Marie; c'est le moyen de lui devenir semblable. »

Ces derniers mots rappellent le texte de l'Esprit-Saint : « *Similes ei erimus, quoniam videbimus eum sicuti est.* Nous serons *dans le ciel* semblables à Dieu, parce que nous le verrons tel qu'il est ». paroles qui, dans leur sens naturel, s'appliquent à la vision intuitive ; mais ne pourrait-on pas dire que l'attention à la présence de Notre Seigneur et à la vue de Marie sur la terre doit, quoique avec proportion, opérer le même effet dans nos âmes ?

Puis, revenant au sentiment qui l'enivrait, William, dans la lettre qui accompagnait l'offrande à sa sœur, dit : « Te parlerai-je encore de Verdelais ? non ; je craindrais de radoter. Mais, ah ! que je suis heureux ! quel calme ! quelle paix ! demande à Dieu qu'à l'ombre du miraculeux sanctuaire, je me forme aux vertus qui font les saints prêtres... que je fasse provision de zèle, de détachement des biens du monde et encore plus de moi-même, et d'amour de Dieu. Car il faut tout cela pour travailler avec fruit à la vigne du Seigneur. Le temps approche rapidement. Qu'il faut être pur pour être prêtre ! Qu'il faut être fort en Dieu pour supporter le poids si redoutable du ministère sacerdotal ! Je serai bien coupable, si je ne profite pas des grâces dont je suis inondé. Mais j'ai confiance en Marie : elle n'abandonne jamais ses enfants ».

Le supérieur des prêtres de Verdelais sous les yeux duquel William fut sans cesse pendant six mois, a rendu de lui en 1840, le témoignage suivant dont nous avons extrait quelques détails :

« J'ai à bénir Dieu de m'avoir confié cet ange. C'était une âme tout-à-fait privilégiée ; mais sa vertu se refuse à l'analyse : sa sainteté consistait à faire d'une façon parfaite toutes ses actions, même les plus communes en apparence.[1] Son exactitude ponctuelle au règlement eût fait honneur au religieux le plus exact. Il avait acquis par ses efforts, avec le secours de la grâce, une si grande douceur, que je n'ai pu surprendre en lui une seule saillie de son humeur naturellement vive et un peu impérieuse. Il était mortifié et humble. Le nom de Marie revenait sans cesse

[1] « Un petit acte de vertu dit Saint François de Sales, fait avec un grand amour de Dieu, est plus excellent et plus méritoire qu'un acte sublime fait avec moins d'amour Ils sont dans l'erreur ceux qui estiment peu de chose une condescendance à l'humeur du prochain, un doux support des défauts d'autrui, d'un regard offensant, d'un mépris, d'une importunité, une réponse douce à un reproche injuste, l'acceptation d'une souffrance... Tout cela est petit aux yeux du monde qui ne veut que des vertus hautes et *empanachées;* mais tout cela est grand devant Dieu.

dans ses entretiens et sous sa plume, preuve qu'il était entré bien avant dans son cœur. J'aurais d'admirables choses à dire de son angélique modestie. Il suivait à la lettre un conseil que donne l'Esprit-Saint dans l'Écriture : *Ne conspicias... ne scandalizeris*, gardez vos yeux de peur de tomber. Sa réserve craintive était si connue, que, par respect pour son excessive délicatesse, une amie intime de sa famille, Madame la comtesse de la M... évitait de le demander lorsqu'elle venait en pèlerinage à Notre-Dame. Un jour, elle l'aperçut de loin causant avec une dame, et elle en conclut immédiatement que la sœur du jeune William était à Verdelais. C'est Madame de la M.... elle-même qui m'a confié ces deux circonstances, en m'exprimant le sentiment de profonde estime que lui inspirait ce jeune homme qu'elle eût eu le droit cependant de traiter comme un enfant. Brûlant d'amour pour Notre-Seigneur, il passait devant le sacré Tabernacle tout le temps dont il pouvait disposer, et dans une telle immobilité, que, lorsqu'il se levait pour se retirer, des personnes qui depuis une heure étaient en prières, ne s'étaient pas même aperçues qu'il fût dans l'église. Une de ses grandes dévotions était de servir le prêtre à l'autel; et que de fois les pèlerins m'ont rendu dépositaire de l'admiration que leur avaient fait éprouver la vue et l'air céleste de ce jeune homme dans le lieu saint! Moi-même, en le voyant pendant la messe, je sentis plus d'une fois s'accroître ma ferveur ».

La fin principale et essentielle de toutes nos dévotions est l'amour et l'imitation de Notre-Seigneur Jésus-Christ. William, à la lumière de la grâce, l'avait compris, et il faisait de cette vérité la règle de sa conduite. Nous trouvons dans un de ses cahiers de résolutions, le passage suivant :

« Notre divin Sauveur, en venant sur la terre, s'est proposé premièrement de racheter les hommes de la damnation éternelle; et secondement, de leur donner dans sa personne un modèle qu'ils pussent copier tous les jours de leur vie. Tout ce qu'il a fait depuis la crèche jusqu'au calvaire, il l'a fait pour nous donner l'exemple, comme il nous le dit lui-même : *Exemplum dedi vobis, ut quemadmodùm ego feci, ità et vos faciatis*. Il n'est aucune circonstance de la vie dans laquelle nous ne puissions jeter les yeux sur ce divin maître et y trouver une règle de conduite. Si maintenant je suis si faible et si dépourvu de mérites, c'est que jai trop oublié de considérer, comme un fidèle disciple, mon adorable maître ».

« Imiter Jésus, c'est le sûr moyen de faire des progrès dans la vertu, d'arriver à la perfection, de plaire à Dieu, de parvenir au salut éternel, puisque l'Ecriture nous dit *qu'il n'y aura d'élus que ceux qui seront trouvés conformes à ce divin modèle;* c'est le moyen d'être un saint prêtre. Ah ! cette dernière considération doit surtout me faire une profonde impression ! N'est-ce pas au prêtre, qui est un autre Jésus par ses fonctions et ses pouvoirs, d'être aussi un autre Jésus par la ressemblance et l'imitation ? Ne serait-ce pas une chose monstrueuse d'être près de Notre Seigneur par le sacerdoce, et d'en être éloigné par les sentiments et les actions ? Au contraire, quelles bénédictions n'attirerait pas sur sa personne et sur son ministère le prêtre qui, à chaque action, se dirait : *Quid ad hæc Christus?* Comment se comporterait N. S. en cette circonstance ?

« O Jésus ! c'est la résolution que je prends avec votre grâce..... Depuis longtemps, je sens le désir de vous imiter ; mais vous l'augmentez encore par vos inspirations auxquelles je veux correspondre.

« Je me dirai donc sans cesse : *Quid ad hæc Christus ?*

« En outre, je ferai presque toutes mes méditations sur la vie de Notre Seigneur, sur les vertus qu'il chérissait le plus, sur les leçons qu'il donnait à ses Apôtres, et surtout sur sa passion.

« Et pour rompre ma volonté en tout, pour ne faire que la volonté de Dieu, et par là, me rendre semblable à Notre Seigneur, j'observerai de point en point et avec la plus grande exactitude le règlement.

« Humilité, douceur, renoncement à soi-même, ce sont les trois vertus que je considérerai surtout en Notre Seigneur, celles qui me manquent le plus, et celles néanmoins pour lesquelles j'ai le plus vif attrait et auxquelles j'aspire de tous les désirs de mon âme. »

Par ces paroles du pieux jeune homme, on voit avec quel soin il s'occupait de sa perfection. Attentif à tous les mouvements de la grâce en lui, il n'avait point d'autre ambition que de lui être fidèle. Au mois de Septembre de cette même année 1839, il se refusa aux invitations de sa mère qui désirait l'avoir quelques jours auprès d'elle, et il ne craignit pas de tenir à cette vertueuse dame, un langage que sa foi la rendait digne d'entendre : « Malgré tout le plaisir que j'aurais de me trouver avec vous, bien chère Mère, souffrez que je vous fasse un aveu. Il est écrit : *Une cellule bien gardée fait le bonheur de celui qui l'habite fidèlement, et elle devient insupportable à celui qui la garde mal. On perd en un instant ce qu'on a eu tant de peine à acquérir.* Je l'ai éprouvé en une occasion, lorsque je revins de Bordeaux.

« Chère Mère, il faut que l'esprit du monde soit bien opposé à celui de Jésus-Christ, puisque la vue seule et le contact des personnes du monde, affaiblit en nous le mouvement de la grâce et la paix du cœur qui accompagnent la fidélité aux inspirations. Aussi, Dieu nous a-t-il dit lui-même qu'il ne se trouve pas dans le trouble et l'agitation, mais dans le silence de la solitude. »

Cependant, le Seigneur qui perfectionnait de plus en plus la victime pacifique qu'il devait immoler dans quelques jours pour la couronner dans les cieux, avait de temps en temps envoyé dans l'âme du fervent lévite, des pressentiments précurseurs du dernier sacrifice.

« Il me semble quelquefois, écrivait-il

dans une circonstance à M. de Cambis, que je ne suis pas loin du terme. Mourir jeune, mourir séminariste ou novice, mourir tonsuré, après tout, ce n'est pas si mal peut-être. Si le bon Dieu le veut, je le veux bien aussi, et je ne regretterai pas la terre. J'ai des péchés à expier, mais je compte sur la bonté de Dieu. »

Un jour, consolant un ami de sa famille sur la mort de son fils, après avoir employé les expressions les plus tendres pour verser quelque baume sur les douleurs paternelles, dominé tout-à-coup et comme emporté par les pensées habituelles de son âme, il s'écrie : « Qu'est-ce que la vie d'ici-bas ? Que sont les plaisirs et les joies de ce monde ? Dieu seul ! Dieu seul ! Voilà ce qui fait le vrai bonheur de cette vie et de l'autre. »

Ces paroles peuvent être considérées

comme le testament spirituel du saint jeune homme.

Vers la fin d'Octobre, il ressentit une légère indisposition, et par le conseil du supérieur de Verdelais, il dut aller prendre quelque repos dans sa famille.

« Mais à peine m'avait-il quitté, dit cet ecclésiastique dans la longue lettre que nous allons transcrire et où il rend compte de cet évènement, à peine m'avait-il quitté, que je vois arriver son frère. L'indisposition de mon cher enfant avait pris un caractère très-grave. Je m'élance tout ému dans une voiture; j'arrive, je l'embrasse... Hélas ! c'était pour la dernière fois ! Depuis quelque temps, lui dis-je, mon cher William, en me penchant sur son lit, vous vous occupiez à faire des croix, des lances, des couronnes d'épines, et les instruments de la passion de Notre Seigneur Jésus-Christ. Vous ne pensiez pas que lui-même vous préparait la croix sur laquelle il allait vous étendre. — Il sourit. C'est vrai, me répondit-il ; elle est un peu lourde : s'il ne me soutenait, j'aurais peine à la porter toute entière. La crise qui avait alarmé sa famille était passée. Il souffrait beaucoup, mais il était tranquille. Il passa toute l'après-dînée dans un profond accablement ; mais recueilli en Dieu et endurant de grandes douleurs avec une admirable patience. Plusieurs fois il essaya de me parler ainsi qu'aux personnes qui l'approchaient ; mais sa voix venait mourir en sons inarticulés sur ses lèvres. Vers le soir, il dit à sa respectable mère : « Ah ! maman, si vous saviez ce qu'un Ange vient de m'apporter à goûter ! Que c'était doux et délicieux !... » Peut-être Dieu avait-il voulu le fortifier comme Jésus au jardin des olives, par une céleste apparition, par un mystérieux breuvage, en même temps qu'il allait le livrer aux terreurs de la mort.

« Je lui annonçai que je passerais la nuit auprès de lui. Il me dit alors, d'une voix sensiblement altérée, que depuis plusieurs jours il avait eu la pensée de *faire quelque chose*, et qu'il serait bien aise d'avoir suivi cette inspiration. Je crus comprendre qu'il voulait parler d'une confession générale ou extraordinaire.

« Il souffrit beaucoup jusqu'à minuit ; à cette heure, le délire mit un désordre complet dans ses paroles et dans ses mouvements. Mais au point du jour, à quatre heures, tout-à-coup il devient calme, serein, et, se tournant vers moi, il me dit avec une onction toute céleste : « Il est temps de me confesser ; voici mon dernier jour. Ce soir, je ne serai plus de ce monde. » Et rejetant le mouchoir qui enveloppe sa tête, il me demande à se lever pour faire sa confession à genoux dans la chambre. Mon cher ami, lui répondis-je, c'est sur la croix que le bon larron a obtenu miséricorde, et en vous clouant vous-même sur un lit de douleur, Dieu veut que vous y fassiez aussi votre confession. Alors William poussa un soupir, éleva les yeux vers le ciel, les laissa retomber sur ma croix de missionnaire qu'il tenait dans ses mains, parut un instant s'abîmer de respect devant l'image du Rédempteur ; puis, faisant le signe de la croix, il reporta ses pensées vers les premières années de sa vie, comme le juste toujours désireux de purifier de plus en plus son âme pour s'unir à son Dieu. Quand je réfléchis à l'état d'abattement et de souffrance dans lequel il était réduit, et à l'agitation qui avait précédé, je ne puis m'empêcher de regarder avec toute sa famille cette confession comme une grâce extraordinaire : j'allais presque dire miraculeuse. Je dois me taire sur toutes les circonstances de cette sainte action. Mais M. E...., oncle du malade, de l'extrémité de la chambre, a entendu, et il a redit les paroles onctueuses qui sortirent de son cœur, les exhortations pénétrantes de foi, brûlantes d'amour, par lesquelles, pendant plus d'un quart-d'heure, il s'excita lui-même à son dernier acte de repentir et d'amour. Pour moi, je ne pouvais parler que par mes larmes. Je priai cependant ce vertueux et cher enfant de ne pas m'oublier auprès de Dieu, lorsqu'il serait dans le ciel. A ces mots, son humilité s'effraya. Pour le rassurer, j'ajoutai sur-le-champ que pour moi je ne l'oublierais jamais devant le Seigneur. Alors, il me dit avec un sentiment d'affection qui pénétra jusqu'au fond de mon cœur : « Oh ! oui, je prierai le bon Dieu pour vous. Le seul regret que j'éprouve en ce moment, c'est de mourir sans être entièrement incorporé dans la Société de Marie. »

« Après ces dernières paroles articulées confusément et avec peine, le malade retomba dans un état d'impuissance absolue.

« Une heure après, il me regarda avec anxiété et me dit : « C'est aujourd'hui le jour de mon martyre. Autrefois, dans ma première jeunesse, j'avais demandé à Dieu la grâce du martyre. Je ne comprenais pas ce que je demandais. Ah ! il faut du courage pour monter sur ce bûcher ! Et puis, savez-vous bien qu'il suffirait d'un sentiment d'amour-propre pour que je perdisse tout le fruit de mon sacrifice ! Ah ! mon Dieu, vous m'aiderez !... » Il tremblait de tous ses membres, il regardait avec effroi et en frissonnant, à quelques pas de lui, comme une homme qui voit réeellement l'autel de son immolation. Je dois avouer qu'il me communiqua la frayeur dont il était saisi. Aussi, je ne me souviens pas des paroles par lesquelles j'essayai de combattre ses craintes et de ranimer sa confiance. Mais après ces terreurs soudaines, je le vis peu à peu redevenir lui-même, s'élever par la foi, s'unir profondément à Dieu. Un reflet du ciel sembla briller sur son visage et épanouir ses traits; quelque chose de divin était en lui; et d'un ton, d'un regard, avec un geste que je ne saurais peindre, il s'écria : Puisqu'il faut s'immoler, marchons !

« Sans vouloir qualifier ce qui eut lieu dans ces moments solennels, je dirai que les prêtres qui ont assisté des âmes d'élite à la dernière heure, ont plus d'une fois remarqué autour du lit de leur agonie, des mystères successifs de terreur ou de joie dont nous n'aurons la solution qu'au-delà du tombeau.

« A six heures, la respectable mère de William, informée de ce qui s'était passé pendant son absence, chercha à rassurer son cher enfant et à le tranquilliser sur la gravité de sa maladie. Moi-même, quoique péniblement impressionné, quoique frappé malgré moi, je dois l'avouer, de ce que le malade m'avait dit d'un air si positif et céleste sur la proximité de sa mort, je joignis mes réflexions à celles de sa bonne mère. Du reste, rien ne me paraissait de nature à faire pressentir une fin prochaine. Le médecin lui-même avait dit la veille que la nuit serait pénible, mais que la maladie était à sa dernière période, et que, dès ce jour, on verrait se déclarer un mieux sensible. Je rappelai ses paroles à William. Il me regarda d'un air significatif, et ajouta : En ce cas, ce ne serait pas aujourd'hi le jour de mon sacrifice. Nous verrons !

« A huit heures, je l'avertis que j'allais offrir pour lui la sainte Messe, et que sa mère et sa sœur feraient la communion à la même intention. M. l'abbé Poly, tendrement affectionné au malade, me remplaça auprès de son lit. J'appris à mon retour que William n'avait cessé de soupirer vers Dieu, et d'exprimer le désir de recevoir aussi la divine Eucharistie.

« Je fus effrayé des ravages rapides qu'avait faits la maladie dans un si court intervalle. Lui-même s'aperçut de l'expression de douleur qui était sur tous les visages, et il me dit, en fixant sur moi un regard expressif : Eh ! bien, vous voyez !

« Hélas ! je ne voyais que trop; nous voyons tous que ce qu'il avait annoncé allait recevoir son accomplissement. Nous avertîmes sa mère qu'il fallait songer à lui procurer les derniers Sacrements. La vertueuse mère ! Elle était pleine de foi, de courage, de résignation; mais elle n'avait pu se faire à l'idée de perdre son cher enfant, ce vertueux William, l'objet si légitime de ses plus tendres affections.

« ..... Déjà ! s'écria-t-elle. Ah ! mon Dieu ! quelle perte ! Mon angélique William !.... »

« On fait les apprêts de la dernière cérémonie, et je dis un mot des derniers Sacrements à notre cher malade. Mais j'eus encore à combattre les désirs de son humilité. Il me parla de l'état peu convenable où il était pour recevoir son Dieu, et je dus invoquer l'obéissance, afin de l'obliger à attendre paisiblement dans son lit la visite du Dieu-Sauveur.

« Ce fut le dernier effort de sa foi et de son amour.

« Lorsque le bon maître porté par mes indignes mains, entra dans la chambre de son serviteur malade, celui-ci ne pouvait déjà plus ouvrir la bouche pour recevoir la sainte hostie. Je me hâtai de lui donner l'Extrême-Onction, l'Indulgence plénière que l'Église accorde aux mourants; et pendant que je faisais la recommandation de l'âme au milieu de toute sa famille, ayant les mains repliées sur la poitrine, la tête penchée sur le côté droit, il rendit doucement le dernier soupir, et termina ainsi par une mort précieuse, une vie toute pleine de vertus.

« C'était le 3 novembre 1839, à 11 heures et demie du matin. »

A peine cette perte fut-elle connue, que de différents côtés éclatèrent les sentiments d'estime, et, on peut le dire, de pieuse vénération dont le jeune William était l'objet.

Un prêtre fort estimable de Bordeaux, disait en parlant d'un petit livre qui avait appartenu au défunt : « C'est un des objets les plus chers que je possède au monde. » Il y grava ces mots de la sainte Écriture : *Defunctus adhuc loquitur*, il n'est plus, mais il me parle encore. Et chaque fois que ce texte tombait sous son regard, il se sentait ému.

« Cher William, écrivait une dame respectable alliée à sa famille, je t'ai toujours devant les yeux ! Nous étions heureux d'avoir un pareil modèle à offrir à nos enfants. C'était un ange. Tous ceux qui l'ont connu le nommaient ainsi. On l'appelait l'*Ange du Séminaire*.»

M. de Cambis, son ancien directeur, fut frappé comme d'un coup de foudre en apprenant cette nouvelle, mais son estime se manifesta de bien des manières. Il disait : « Je ne puis me lasser d'admirer la conduite de la divine Providence sur cette âme privilégiée, et l'amour de Marie qui a voulu faire mûrir cet excellent jeune homme à l'ombre de son sanctuaire, pour le rendre digne du ciel. Le souvenir de mes rapports avec lui, me restera comme un des plus précieux, je dirai presque un des plus glorieux de ma vie, et j'ai espoir d'avoir part à ses prières au ciel, comme j'y ai eu part à Verdelais qui a été *son paradis sur la terre.*»

Il réclama de sa mère, quelque souvenir de celui qu'il appelait son cher enfant, et l'ayant obtenu : « J'ai attaché, disait-il, sa médaille à mon chapelet ; son petit livre est sous mes yeux, et j'ai placé ses cheveux avec mes autres reliques.... Il est vivant dans mon cœur, ce cher enfant, c'est là que je le retrouve, quand je veux, par l'exemple d'un bien petit nombre d'âmes saintes que Dieu m'a fait la grâce de connaître intimément, me faire l'idée de ce qu'on appelle une belle âme, une âme qu'on est étonné de voir unie à un corps terrestre. »

Ce qui ne prouve pas moins en faveur des vertus de William, c'est que ce grave et vénérable Sulpicien, habitué à voir passer entre ses mains tant de jeunes gens pieux, supplia à plusieurs reprises, le supérieur de Verdelais et la mère du défunt, de recueillir leurs souvenirs et tous les papiers du fervent novice, afin de pouvoir, par le récit de sa vie, ranimer les lévites confiés à ses soins. « Hélas! disait-il, il nous faudrait dans l'Église de Dieu, beaucoup d'âmes semblables, pour en envoyer d'autres là où il est allé tout seul. Mais non, il n'ira pas tout seul. Je vous supplie, mon père, d'écrire ce que vous avez vu. Faites tressaillir l'âme de ce cher enfant qui n'a pu être apôtre pendant sa vie, si ce n'est par ces angéliques exemples, mais qui le sera après sa mort, grâce à vous. La bonne Mère vous bénira. J'espère aussi qu'elle bénira sa Société, et que cet enfant qu'elle a voulu vous enlever, sera une source de bénédictions pour ce cher Verdelais, que je voudrais tant voir dans l'état où il devrait être, pour que la bonne Mère à qui il appartient y soit honorée. » [1]

Nous regrettons vivement que les

---

[1] Les vœux formés par M. de Cambis au sujet de la sainte chapelle, ont été remplis, grâce à Dieu et à la protection de Notre-Dame. Nous serait-il permis d'ajouter que la mort même de William Crofton a été, suivant les prévisions de son directeur si zélé, l'occasion directe de plusieurs nouveaux honneurs rendus à Marie dans son sanctuaire de Verdelais ?

instances de M. de Cambis aient été inutiles. Au lieu de quelques faibles épis que nous avons recueillis avec peine çà et là, à quinze ans de distance, nous aurions eu à offrir aux pèlerins, une gerbe de faits pieux. Du moins, que le vif intérêt que prenait à l'éclosion d'une notice biographique, l'homme respectable qui avait le mieux connu l'âme de William, soit comme un témoignage solennel et irrécusable des vertus du fervent lévite, que ce témoignage supplée aux documents qui nous manquent, et qu'il nous serve d'excuse dans l'essai que nous avons tenté.

Nous ajouterons que, lorsque nous avons eu l'honneur de mettre ce modeste opuscule aux pieds de S. Ém. Monseigneur Donnet, Cardinal-Archevêque de Bordeaux, le Prélat a daigné nous faire connaître que ce serait une vraie consolation pour lui de proposer, comme modèle, aux élèves de son séminaire un jeune homme qui *a donné l'exemple de toutes les vertus*.

Nous avons prié la mère de William de nous tracer un léger portrait de l'extérieur de son fils. Sur nos instances réitérées, elle a daigné nous répondre ce qui suit : « Je ne crois pas être aveuglée par mon amour de mère, en disant qu'il avait une figure angélique. Il était blond, blanc et très-coloré. Il avait le visage ovale, de grands yeux habituellement baissés, la tête un peu inclinée de côté, la taille mince et haute. En tout, son extérieur rappelait celui qu'on prête à saint Louis de Gonzague.»

Nous terminerons notre récit par deux touchantes élégies aussi pieuses que délicates, que l'amitié et un profond sentiment d'estime, ont inspirées à MM. les abbés Gaussens et Manceau.

UN

SERVICE FUNÉRAIRE.

A LA MÉMOIRE DE WILLIAM.

Oh ! qu'elle avait changé l'humble et sainte Chapelle !
Je la quittai riante, harmonieuse et belle,
Et je l'ai retrouvée en longs habits de deuil !
Seule avec sa douleur, elle s'était voilée,
Elle fuyait le jour, et, mère désolée,
    Elle pleurait sur un cercueil !

Ne lui demandez pas pourquoi ce deuil, ces ombres,
Ces vitraux obscurcis, pourquoi ces voiles sombres
    Pendants le long de ces parvis,
Pourquoi ces longs soupirs suivis d'un long silence.
Ces lugubres concerts, cette douleur immense,
    Pourquoi ces larmes dans sa voix....

Ah ! qui ne pleure pas quand il perd ce qu'il aime,
Quand on vient lui ravir une part de lui-même,

Son trésor, sa gloire et son bien ?
Or, la sainte Chapelle a vu Dieu lui reprendre
Celui qu'elle a toujours aimé d'amour si tendre,
Son William, son ange gardien.

Un jour il s'en alla pensif et solitaire
S'abriter un instant sous l'aile de sa mère;
Mais, avant de partir, il vint dans le saint lieu
Prier sur le pavé de l'antique chapelle,
Lui promit que bientôt il reviendrait vers elle;
Puis se levant, lui dit adieu.

Mais Dieu qui dès longtemps l'enviait à la terre
Envoya près de lui son ange funéraire;
Et l'ange l'alla joindre au foyer maternel,
L'effleura doucement de son aile azurée,
Et le prenant des bras de sa mère éplorée
Le porta tout tremblant au séjour éternel.

Pauvre William! depuis lors la Chapelle est muette;
Pour elle plus d'éclat, de pompe, ni de fête,
Plus de fleurs, de chants solennels;
Elle ne peut souffrir ni parfum ni parure,
Depuis que chaque jour ta main céleste et pure
Ne vient plus orner ses autels!

Laissez-la donc gémir sous ces voiles funèbres,
Laissez-la s'abîmer dans ces sombres ténèbres
Et se rassasier de pleurs.
Elle est plus belle ainsi dans sa douleur amère,

Que si l'éclat de l'or parait son sanctuaire,
Que si son dôme était tout couronné de fleurs.

Longtemps nous la verrons cacher son front dans l'ombre ;
Longtemps ses saints parvis, longtemps sa voûte sombre
  Rediront les chants de la mort !
Car William ! Ah ! c'était sa couronne chérie,
Son trésor, ses parfums, sa suave harmonie,
  Ses festons et ses vases d'or.

C'était son ornement ; c'était sa voix, son âme,
Sa lampe qui jetait au loin si douce flamme
  Et qui se consumait d'amour ;
C'était un tendre ami, ne vivant que pour elle ;
C'était un fils chéri, s'abritant sous son aile,
La voix qui l'éveillait aux premiers feux du jour.

Et le soir, quand fuyaient sous les portiques sombres
Quelques rayons épars, s'éteignant dans les ombres,
  Il venait encore au saint lieu,
Et là, s'agenouillant humblement sur la pierre,
Se tenait immobile au sein de la prière,
  Comme une âme perdue en Dieu.

Oh ! que se passait-il entre ton âme sainte,
William, et le grand Dieu qui remplissait l'enceinte ?
  Que de charmes, que de douceur !
O mystère profond, ô touchante merveille !
Que ne pouvais-je alors approcher mon oreille,
  Pour écouter parler ton cœur !

Je l'ai revu ce lieu plein de tant de mystères,
Ce marbre confident de tes saintes prières,
Et j'ai voulu prier où ton âme pria;
Car mon cœur me disait qu'une vertu secrète
Animait cette pierre insensible et muette
    Que ta trace sanctifia.

D'autres viendront aussi, quand la saison nouvelle
Guidant les pèlerins vers la sainte Chapelle,
    Remplira ses sacrés parvis;
Ils chercheront des yeux ce lévite modeste,
Ce front pur et naïf, ce visage céleste
    Qui d'abord les avait ravis.

Et ne retrouvant plus ton lévite, ô Marie,
Ils se diront tout bas, l'âme sombre et flétrie :
« Qu'est devenu celui qui servait à l'autel,
« Qui de jeunes enfants guidant une phalange,
« Vêtu d'habits de lin, semblait être un archange
    « Suivi des milices du ciel ? »

C'est alors qu'une voix lugubre, funéraire,
Sortira tout-à-coup du fond du sanctuaire
    Et dira : « Pèlerins pieux,
« Ne cherchez pas ici ce lévite fidèle
« Il n'est plus parmi nous, l'*Ange de la chapelle*:
    « Il est remonté vers les cieux ! »

M. l'abbé Gaussens.

A
ALFRED CROFTON[1].

ANNIVERSAIRE.

> Properavit educere illum de medio
> iniquitatum.
> (*Lib. Sap.*)

Voilà donc le jour, voilà l'heure,
Où notre ami prit son essor;
Où s'entendit par toute la demeure,
Une effrayante voix qui disait : Pleure, pleure,
Pauvre mère ! ton fils est mort.

Elle sonne !.... Oui, c'est bien elle,
Cette heure d'agonie et des grandes douleurs,
Où ton frère en mourant murmura : Dieu m'appelle ;
Adieu, mon frère, adieu, mes sœurs.

---

[1] Le frère du défunt. Il a suivi de près dans la tombe, celui dont il imita les vertus.

En l'entendant sonner cet instant funéraire,
Malgré moi je pâlis et frissonne d'horreur ;
Des sanglots, malgré moi, s'échappent de mon cœur,
    Et des larmes de ma paupière.

Et je voudrais, Seigneur, vous demander encor
    La raison de ce grand mystère,
    Quoi ! vous brisez la lampe d'or
Qui brûlait devant vous au fond du sanctuaire !
Aviez-vous donc, mon Dieu, trop d'anges sur la terre,
    Pour le livrer sitôt à la cruelle mort !

Il m'aima ; je l'aimai peut-être davantage,
J'aimai ce séraphin du terrestre séjour ;
Tout me charmait en lui, sa taille et son visage…
Hélas !…. je fus souvent son ami de voyage,
Nous aurions dû partir tous deux le même jour ! !

Je suis seul !…. Il n'est plus à la terre étrangère ;
Et pourtant je croyais qu'un jour au saint autel,
    Comme le jeune Samuel,
  Ministre du Très-Haut, il bénirait sa mère ;
    Qu'il viendrait embraser la terre
    Et nous porter la paix du ciel !

William, je croyais qu'un jour, sous tes deux ailes,
Je pourrais m'abriter en faisant mon chemin ;
Sur elles m'envoler aux splendeurs éternelles ;
Et puis, auprès de Dieu, nos âmes immortelles
    Auraient chanté l'hymne sans fin.

. . . .
Mais tes amis du ciel t'attendaient à leur fête,
Et tu t'es aussitôt arraché de nos bras;
Ta couronne, là-haut, était sans doute prête,
    Et la nôtre ne l'était pas.

Pourquoi donc, cher Alfred. le pleurer et le plaindre?
Cette fleur, il est vrai, n'était qu'à son printemps;
Mais une âme ici bas peut-elle errer longtemps,
Sans laisser en mourant quelque raison de craindre?

    Baisons plutôt la main qui nous l'a retiré
    Avant d'avoir perdu sa robe baptismale ;
    Beau lys, d'épines entouré,
    Aurais-tu conservé ta fraîcheur virginale?

    Qui sait, hélas! si sa vertu
    Aurait tenu contre l'orage?...
Je vois partout s'offrir les débris du naufrage;
    Le cèdre du Liban est sitôt abattu!...

    Et puis au séjour où nous sommes
Le poids de chaque jour est un si lourd fardeau,
Si tristes sont les nuits, et le vain bruit des hommes,
Que je ne pleure plus en voyant son tombeau.

Je ne murmure plus ; mais plutôt je m'étonne
Qu'il ait passé vingt ans partageant nos douleurs ;
Qu'avec nous si longtemps il ait versé des pleurs
    Sur les fleuves de Babylone.

Le cygne sur nos lacs descend bien quelquefois ;
Mais à peine le cygne a-t-il effleuré l'onde
Qu'il se dérobe à l'œil ; on n'entend plus sa voix.
 Il a déjà quitté le monde !....
. . . .

Et parmi nous, vingt ans, William est resté !....
 Mais pourquoi rappeler encore
 Le jour de la captivité,
 Quant à ses yeux brille l'aurore
 De l'immuable éternité ?

 Ah ! du moins, ange de lumière,
 Là haut du moins rappelle-toi,
 Qu'à ton départ de cette terre
 Tu nous laissas, ton frère et moi,
Le cœur gros de sanglots, au sommet du Calvaire.

 Là debout, au pied de la croix,
Vois-tu Rachel en pleurs, méditant son veuvage ?
Elle a déjà reçu du ciel un grand courage ;
Mais tu le comprends bien, ce grand cœur quelquefois
 Se sent brisé lui-même ;
Il succombe, cherchant, appelant ceux qu'elle aime ;
La tourterelle ainsi soupire dans les bois.

Comme elle, loin de toi, mon âme impatiente,
 Aux objets d'ici-bas ne trouve plus de miel,
Et du fond de mon corps, comme la flamme ardente,
 Je la sens s'élancer au ciel.

C'est toi qu'elle choisit désormais pour modèle ;
Sur tes traces je veux faire honneur à ma foi ;
A la loi du Seigneur être toujours fidèle,
    Et mourir en saint comme toi.

Oh ! puisqu'autour de moi tout se meurt et tout change,
Sur des jours bien nombreux je ne dois pas compter,
Mais, dis-moi, William, dis-moi donc, ô mon ange,
Quand laissant aux humains leur vil amas de fange,
Pourrai-je enfin te voir pour ne plus te quitter ?

M. l'abbé Manceau.

NE PLEUREZ POINT SON SORT :
IL ÉTAIT ENFANT DE MARIE.
IL N'EST PAS MORT ;
IL A CHANGÉ DE VIE.

LUCIE N...

MORTE LE 8 NOVEMBRE 1847.

LUCIE N...

MORTE LE 8 NOVEMBRE 1847.

Vive et enjouée, Lucie N..., à l'âge d'environ seize ans, s'était permis de plaisanter au sujet de quelques avis que lui avait donnés son confesseur dans le saint Tribunal. Quelqu'un, à tort ou à raison, ayant cru devoir en informer cet ecclésiastique, celui-ci fut justement fatigué de cette petite légèreté, et il dit : Je lui réserve une leçon dont elle se souviendra longtemps. La réprimande fut en effet si vive, que la jeune personne s'éloigna baignée de larmes; mais sa bonne volonté ne fut pas moins grande que sa peine, et huit jours après, on la voyait revenir à son confesseur avec une vertu bien au-dessus de son âge, et un courage qui pouvait déjà faire présager de grandes choses. Ce fut un coup de grâce; et, à dater de ce moment, l'enfant qui jusque-là, il est vrai, avait mené, quoiqu'en ait dit plus tard son humilité, une vie chrétienne, enflammée tout-à-coup d'une ardeur céleste, s'élança dans les voies de la ferveur : tant il est vrai qu'une seule action généreuse, ainsi que le disent les maîtres spirituels, détermine souvent dans une âme l'état de perfection et l'épanouissement des vertus qui font les saints. Tel fut le point de départ de Lucie. Elle conserva toujours une grande reconnaissance pour le prêtre dont Dieu s'était servi pour l'attirer plus particulièrement à son service, et celui-ci dut se féliciter de l'avoir estimée assez pour ne pas craindre de lui faire subir une épreuve.

Un des premiers besoins qui se fit sentir à l'âme de Lucie, ce fut, comme il arrive d'ordinaire, celui de la prière et de la mortification. La nuit, elle prenait son repos à côté de sa mère ; mais quand celle-ci était endormie, elle se glissait doucement le long de la ruelle du lit, et se mettant à genoux sur le sol, sans prendre aucune autre précaution contre les rigueurs du froid, même au fort de l'hiver, elle entrait en oraison. Il est arrivé que le matin, la mère, effrayée de la ferveur de sa fille, la trouvait endormie, le coude appuyé sur la chaise où le sommeil l'avait surprise. On a attribué en partie à cette mortification, la maladie de poitrine qui l'enleva plus tard.

Bientôt, la grâce faisant de nouveaux progrès dans son âme, Lucie se sentit mal à l'aise au milieu du monde, et elle aspira aux chastes et si utiles dévouements de la vocation religieuse. Après avoir soumis au directeur de sa conscience cette noble et sainte pensée, et l'avoir mûrie assez longtemps dans la prière et la réflexion, elle s'arracha généreusement aux embrassements de sa famille, et vint s'abriter dans le couvent des Ursulines de Bordeaux, où Dieu lui fit goûter de pures délices et fortifia de plus en plus sa volonté dans le bien.

Mais le Seigneur inspire quelquefois lui-même des desseins dont il ne veut pas l'accomplissement, soit qu'il entre dans les plans de sa providence d'épurer l'âme par la contradiction, soit parce qu'il faut plusieurs préparations successives au juste sur qui Dieu a des vues particulières de grâce, avant qu'il soit admis à l'union intime avec sa divine Majesté. Lucie eût été une religieuse édifiante dans le cloître ; Dieu voulait en faire une vierge héroïque dans le monde. Il avait suivi la même conduite à l'égard de Marie-Eustelle, ce séraphin embrasé, qui s'est consumé à la flamme eucharistique, devant le tabernacle de Saint-Palais, pour le salut de plusieurs.

Lorsque la maladie, qui mit obstacle aux désirs de Lucie, vint se présenter à elle, pour la première fois, de la part de Dieu, elle fut effrayée ; et, dans le trouble involontaire qu'elle ressentit, elle eut besoin de toute sa foi pour ne pas succomber. Longtemps, le Seigneur balança son âme, comme en se jouant, par des alternatives de santé et de maladie, entre l'espoir et la crainte, jouissant des actes de résignation de sa servante, et lui faisant acquérir ainsi de nouveaux mérites. Tous les secours de l'art furent épuisés pour triompher du mal; on pria aussi beaucoup; elle s'adressa elle-même avec ferveur à l'Archiconfrérie du Saint-Cœur de Marie, demandant la santé, non pour la santé, mais afin de pouvoir embrasser la vie religieuse. « Ah ! Monsieur, disait-elle, dans la lettre qu'elle adressa au directeur de cette association, vous ne doutez pas que renoncer à une vocation qui m'est si chère, serait pour moi un sacrifice, j'ose dire, au-dessus de mes forces, si je ne savais qu'il n'y a de vrai bonheur que dans l'accomplissement de la volonté de Dieu à laquelle je me soumets entièrement. »

Mais, enfin, le dernier coup fut porté; sa santé frêle et délicate fut jugée insuffisante; et malgré son vif attachement pour la communauté de Sainte-Ursule, malgré son estime profonde pour cette sainte maison, il fallut qu'elle s'en arrachât, et rentrât au milieu de ce monde qu'elle avait tant redouté.

Pauvre et timide colombe, elle avait voulu se cacher dans le secret de la face de Dieu, et soupirer en silence son amour auprès des sources du Sauveur. Que va-t-elle devenir ? Où posera t-elle le pied sans s'exposer à ternir sa blancheur ?..... Mais c'est dans la solitude du cœur, bien plus que dans la solitude des murailles, qu'habite le divin Epoux. C'est dans ce mystérieux sanctuaire que Jésus ne tardera pas lui-même à se montrer à la vierge désolée, et dans la joie qu'elle aura d'avoir trouvé celui qu'elle chérit avec tant d'amour, elle oubliera tout, excepté Jésus et Marie,

elle s'oubliera elle-même... Le bonheur, la perfection, le ciel, c'est Jésus !.....
Celui qui a trouvé Jésus, dit l'Imitation, a trouvé le bien qui est au-dessus de tout bien.

Lucie rentra dans sa famille à Verdelais, triste, mais soumise.

« Ce sont mes infidélités, dit-elle, qui ont obligé Dieu, ce bon Père, à m'éloigner pour quelque temps du séjour délicieux de ce Paradis terrestre. Je n'étais pas digne d'être au milieu de son troupeau chéri, en la compagnie de ses vierges choisies ; mais, Marie m'a consolée et soutenue : sans son puissant secours, j'aurais été écrasée sous le poids de ma douleur. »

Elle écrivait à une personne de sa famille : « Le désir de rentrer dans ma chère solitude s'accroît de jour en jour ; le monde n'est pour moi qu'un exil ; le séjour que j'y fais, me devient de plus en plus ennuyeux, et si je ne me rappelais à chaque instant que telle est la volonté de Dieu, je me laisserais aller bien souvent au découragement. Être aux pieds de Marie, est ma seule consolation ; et, lorsque je me jette dans les bras de cette bonne mère avec confiance et abandon, je sens mon courage et mes forces se ranimer. »

On est attendri en lisant les prières qu'elle adressait à cette Vierge miséricordieuse pour demander de rentrer dans le cloître. Placée au centre d'un pélerinage où les grâces spirituelles et temporelles les plus signalées coulent sans cesse à flots pressés du cœur de Marie : « J'en vois tant, ô ma mère, lui disait-elle, qui se retirent de ce sanctuaire de vos merveilles, consolés, heureux, n'en pouvant plus d'amour et de reconnaissance ; et moi, ma mère, et moi, vous me laissez dans la peine ;

vous m'abandonnez au milieu du désert ; vous me refusez l'unique faveur que je vous demande !..... »

Marie lui réservait une grâce encore plus précieuse que celle qu'elle lui demandait : elle allait l'adopter pour sa fille chérie. Déjà elle la prévenait par ses amoureuses recherches, et au moment même où elle semblait la repousser, elle l'attirait plus que jamais à elle, afin de la rendre semblable à son divin Fils, qui, dans un an, devait l'appeler à la patrie.

Au mois d'Octobre 1846, Lucie fit une retraite, et voici les résolutions qu'elle traça de sa propre main et qui dès-lors, faisaient sa règle de conduite :

« Voulant établir le règne de Jésus en moi, et ayant reconnu que Marie ne m'a été donnée pour mère que pour cela, je forme aujourd'hui la résolution :

« 1° De vivre de la vie qu'elle a vécu et de l'imiter en tout ; mais spécialement dans son humilité et son amour pour Dieu : dans son humilité, en aimant, comme ma mère, à être inconnue et oubliée des créatures, et en acceptant, comme elle, toutes les humiliations que la divine Providence m'enverra ; dans son amour pour Dieu, *en bannissant de mon cœur, tout autre amour que celui de son divin Fils.*

« 2° Je veux être fidèle à toutes les inspirations de la grâce.

« Bonne et chère mère, bénissez, s'il vous plait, les résolutions que je prends à la fin de cette retraite ; aidez-moi à les mettre en pratique. Je vous promets de ne jamais manquer de confiance en vous ; permettez-moi de me réfugier dans votre cœur si tendre et si aimant. Oh ! dans ce sanctuaire de la divinité, je serai en assurance pour le temps et pour l'Eternité.

« MARIE-LUCIE,

« *Toute à Jésus en Marie.* »

Non contente de cette résolution générale, Lucie voulut, par une donation plus complète, faire, pour ainsi dire, cession d'elle-même, et se démettre de *son individualité*, s'il est permis de parler ainsi, entre les mains de la Reine du ciel et de la terre.

Nous avons trouvé dans ses papiers l'acte solennel par lequel elle fit cette translation de domaine. Il est ainsi conçu :

« Ma bonne et tendre mère ! j'ai lu avec bonheur un petit livre qui m'a parlé de vous avec effusion, et qui a fait à mon âme un grand bien. (*Traité de la vraie dévotion à la Sainte-Vierge, par le vénérable Grignon de Montfort.*)

« Jai appris à vous connaître un peu mieux, ô ma tout aimable Princesse! J'ai senti le besoin que j'ai de vous aimer davantage; j'ai découvert un nouveau moyen de m'attacher plus étroitement à vous; aujourd'hui, si vous le permettez, je vais vous faire mes serments d'amour.

« O Marie! soyez bénie mille fois de toutes les faveurs dont vous m'avez constamment comblée, depuis mon enfance jusqu'à ce jour!

« O Marie! soyez bénie mille fois de la sainte pensée que vous m'avez inspirée de dire adieu au monde, et d'aller me cacher, comme vous, dans le silence de la retraite.

« Bonne Mère, soyez bénie mille fois des dures épreuves que vous m'avez envoyées pendant les jours de mon noviciat! O tendre Marie! laissez-moi vous le demander en toute simplicité d'enfant? Jusques à quand laisserez-vous votre pauvre fille au milieu du siècle où la maladie l'a ramenée? Faudra-t-il attendre bien longtemps encore le retour d'une santé parfaite! Ah! c'est que loin de ma chère solitude mon âme languit, mon cœur s'oppresse, ma ferveur semble se dissiper peu à peu, et j'ai crainte que ma si frêle vertu ne dépérisse....

« Pour m'animer à la persévérance, pour me fortifier dans mon immense faiblesse, tendre Marie, permettez qu'en ce moment, le plus solennel de ma vie, je me consacre irrévocablement à vous par la donation bien libre, bien entière, de tout ce que je suis, de tout ce que je possède, de tout ce que j'espère....

« O Marie! en union avec la consécration si parfaite de tout votre être, qui vous rendit pour jamais la plus parfaite des servantes du Seigneur, je vous conjure d'agréer la pleine offrande que je vous fais :

« 1° De mon corps et de tous ses sens;

« 2° De mon cœur et de toutes ses affections;

« 3° De mon âme et de toutes ses facultés;

« 4° De tous mes biens spirituels et temporels, présents et à venir;

« 5° De toutes mes vertus, de tous mes mérites, de toutes mes satisfactions passées, présentes et futures;

« 6° De toutes mes joies, de toutes mes peines, de tout ce qui m'appartient, de tout ce que je suis, de tout ce que je possèderai, et de tout ce que je serai pendant l'éternité tout entière.

« Auguste Marie, mon aimable, mon aimante et bien-aimée maîtresse, dorénavant je serai votre propriété, et je m'efforcerai de vivre en servante de la plus pure des vierges.

« Je n'aurai plus d'autres pensées ni d'autres sentiments que les vôtres. Vous serez la lumière de mon esprit, le sentiment de mon cœur, le mobile de toutes mes actions, la régulatrice de toutes mes passions. Vous serez, après Dieu, le principe et la fin de mon amour, le principe et la fin de mon bonheur, l'âme de mon âme, la vie de ma vie ici-bas, et au ciel, ma récompense éternelle....

« Voilà, bonne Mère, ma consécration..., Désormais je ne serai plus *moi;* mais je serai par la plus étroite union, par la plus parfaite imitation, je serai *une autre Sainte-Vierge....*

« Comme ma Mère, toujours je serai bonne, prévenante et douce; toujours je serai humble; cachée et modeste; toujours je serai patiente, résignée, égale dans la souffrance; toujours j'aimerai la Croix et la prière; toujours je me tiendrai bien intimément unie à vous, et par vous à Jésus, mon divin époux.

« Bonne Mère, je vous le jure, je vivrai, je veux vivre dans vos bras jusqu'à mon dernier soupir ; je veux mourir d'amour sur votre cœur sans tache. . . . .

« Toutefois, j'ai besoin de prouver par des actes à mon auguste maîtresse, ma dépendance et mon sincère amour.»

A cet endroit viennent ses résolutions.

Elle promet *à la plus aimée des mères* de faire, *quoi qu'il lui en coûte* :

Chaque jour, une demi-heure de méditation, une lecture spirituelle, l'examen particulier, une visite au Très-Saint-Sacrement. Matin et soir, elle demandera à genoux la bénédiction de Marie, en récitant trois *Ave Maria*.

Chaque semaine, elle s'unira à la Sainte-Vierge, en faisant ses communions. « Pour ma préparation et mon action de grâces, que puis-je faire de mieux, bonne Mère, que de m'unir étroitement à vous et de vous charger de suppléer à mon impuissance ».

Chaque mois, elle se ménagera un jour de retraite et de profond recueillement, pour se préparer à la mort, voir les défauts à corriger et les vertus à pratiquer pendant le mois qui suit.

Toujours, elle veillera sur ses sens intérieurs, spécialement sur son imagination et sa volonté propre; et sur ses sens extérieurs, spécialement sur ses yeux, sa langue et ses oreilles.

« O bonne Mère, voilà les promesses de votre fille chérie qui, dès ce jour, est votre propriété. Bénissez-les; bénissez-moi, et menez-moi, comme une petite enfant, au Ciel. Ainsi soit-il ».

Ce règlement spirituel pourrait facilement servir de modèle aux chrétiens pieux, vivant au milieu du monde et désireux de leur salut et de leur perfection. Pour entretenir le feu sacré dans une âme, il est nécessaire de l'alimenter par quelques exercices.

La Reine du Ciel et de la terre entendit la voix de son enfant. A dater de ce moment, nous ne trouvons plus dans la correspondance et les écrits de Lucie de trace de ses premiers regrets. Sa douleur a été changée en joie, et Marie l'a introduite, pour employer l'expression de l'Esprit Saint, dans le cellier des faveurs divines. Enivrée de son bien-aimé, elle ne pense plus qu'à s'abîmer en Dieu, en Dieu seul. Le trésor qu'elle cherchait dans une maison religieuse, elle l'a trouvé en elle-même; et, comme cette femme dont parle l'Évangile, qui réunit ses amies pour leur faire part d'une découverte heureuse, Lucie convoque toutes les puissances de son âme pour remercier mille et mille fois le Seigneur et sa sainte Mère de l'avoir conduite par un chemin mystérieux à la possession du souverain bien. C'est l'époque de la seconde transformation de Lucie. A seize ans, elle était passée d'une conduite bonne et chrétienne à une vie pieuse et fervente; à vingt-deux ans et demi, le Seigneur l'éleva à la vie surnaturelle, vie qu'on pourrait définir : mort totale à tout ce qui est créé, union constante à celui qui est. *Tout et rien*, ce sont les deux termes de cette sainte et à jamais désirable existence : *Rien* pour la nature et pour soi, *tout* avec Dieu, pour Dieu, en Dieu, et pour le prochain en Dieu.

Écoutons Lucie elle-même, confiant à Marie, dans les épanchements de sa piété filiale, tous les sentiments d'amour, de reconnaissance et de dévouement dont son cœur était animé. C'est comme un miroir dans lequel se réfléchissent les traits de sa belle âme. Nous avons laissé subsister les jugements sévères qu'elle porte sur ses premières années, pour l'encouragement de ceux qui, n'ayant pas toujours correspondu fidèlement à la grâce, aspirent à la sainteté et à la perfection. « *Eh! quoi*, disait un grand saint qui ne le fut pas toujours : *Ne pourrai-je pas ce que ceux-ci et celles-là ont pu?* »

« A MARIE, ma Mère bien-aimée.

« Ma Mère bien-aimée, il fut un temps dans ma vie où je fus infidèle; où, oubliant les promesses solennelles que j'avais faites à mon Créateur au jour de mon baptême, j'abandonnai le joug du Seigneur. Je ternis alors la blancheur de cette belle et précieuse robe dont m'avait parée Jésus, votre Fils et mon Père. O tristes années, que vous me faites éprouver de cuisants regrets!... O temps malheureux, où je n'aimais pas Marie, que ton souvenir est amer!... Oh! que ne puis-je t'effacer du nombre de mes jours!... Mais vous, ô charitable et miséricordieuse Mère, vous n'avez cessé de me poursuivre, de m'appeler, jusqu'à ce qu'enfin je fusse rentrée dans la grâce de votre divin Fils et dans votre amour. Combien de fois m'avez-vous fait entendre votre douce et aimable voix, pour m'avertir que je prenais le mensonge pour la vérité? Que de fois vous avez frappé à la porte de mon misérable cœur, pour l'attendrir sur vos bontés! Vous me prodiguiez sans cesse vos plus tendres caresses; et moi, insensible que j'étais, je refusais de me rendre à vos amoureuses invitations. Bonne Mère, vous m'aimiez, et je ne pensais pas à vous; vous vous occupiez de mon bonheur, et moi je n'étais occupée qu'à vous outrager. O amour !... O miséricorde de la plus aimante des Mères!... Fallait-il, Mère toute bonne, que je fusse si ingrate envers vous. O mes yeux, pleurez.... Versez des torrents de larmes aux pieds de la douce Marie!... Oh! de quelle douleur profonde mon cœur est pénétré, en considérant les maux que je vous ai fait endurer, tendre Mère! J'ai transpercé votre belle âme de mille glaives déchirants ; j'ai noyé votre tendre cœur dans un océan d'amertume. Combien de fois ai-je renouvelé les tourments que vous endurâtes au temps de la passion de votre divin

Fils ! Combien de fois l'ai-je déchiré de coups, sous vos yeux, ce cher Jésus ! Oh ! ma Mère, je n'y tiens plus ; à ces tristes souvenirs mon cœur se fend, et je voudrais expirer de repentir à vos pieds. Puissé-je du moins y passer tout le temps de ma vie à verser des larmes de sang, et ce ne serait pas encore assez pour expier mes fautes ! Ce cœur, ô Mère tendre, ce cœur qui n'était fait que pour Jésus et pour vous, hélas ! il ne vous a pas toujours appartenu ! J'ai consacré les prémices de ses affections à la boue, au néant ! Malheureuse que je fus, j'oubliai la fin pour laquelle mon Dieu m'avait créée ! Comment avez-vous pu me traiter avec tant d'amour et de clémence, ô Mère bien-aimée ? Vous avez donc oublié ce que je fus autrefois. — Ah ! non-seulement vous l'avez oublié ; mais même, vous cherchez à me consoler du mal que je vous ai fait, en mettant dans mon cœur une douce confiance en vos bontés. Oh! quand je me souviens de cet heureux instant où je fus réconciliée avec vous, je ne sais de quelles expressions me servir pour vous témoigner ma reconnaissance! Mon cœur se tait... et mon silence vous parle pour moi. De quelle joie mon âme fut-elle inondée, lorsque, pour la première fois de ma vie, je ressentis la douce impression de votre pur amour!... Je goûtai alors quelque chose de ces voluptés chastes qui enivrent les habitants de la céleste patrie. Oh! m'écriai-je, dans un transport d'allégresse, qu'il est doux d'être aimé de Marie, et qu'on trouve de charmes à l'aimer!... Que je voudrais pouvoir embraser tous les cœurs de son pur amour! Le nombre des malheureux serait bien moins grand, si tous les hommes aimaient une Mère si bonne, si bienfaisante, si capable de les soulager, et si portée à leur faire du bien! O ma Mère chérie! pourquoi êtes-vous si peu connue, si peu aimée; pourquoi moi-même vous ai-je si tard connue, si tard aimée?

« Anges du ciel, qui fûtes témoins de mon bonheur, lorsqu'à cette heure fortunée, ma Mère me reçut dans ses bras, me donna le baiser de paix, me pressa avec amour sur son sein maternel, me serra étroitement sur son cœur virginal, aidez-moi, je vous en conjure, à bénir, à célébrer les miséricordes de votre Souveraine. Elle vous invita, ô célestes intelligences, en ce jour à jamais mémorable, à vous réjouir avec elle de ce que l'enfant de sa douleur, l'enfant qu'elle croyait perdue était enfin rendue à sa tendresse. O glorieux Chérubins! brûlants Séraphins! prêtez-moi vos ardeurs pour aimer, remercier, exalter votre incomparable Reine !!!...

» Mais ce n'était point encore assez pour votre cœur si aimant, ô ma mère, pour votre cœur si désireux de faire le bien, de m'avoir arrachée à l'enfer et de m'avoir adoptée une seconde fois pour votre enfant ; vous avez voulu, par un excès d'amour, m'appeler à la sublime dignité d'épouse de votre divin Fils, me retirer du milieu de ce monde corrupteur pour me mettre dans la demeure des anges de la terre, et là, vous m'avez sans cesse entourée de vos soins maternels.

» Pour des desseins à vous connus, bonne Mère, ou bien parce que la victime n'était pas encore assez pure pour être immolée sur l'autel du Dieu trois fois saint, vous m'avez fait rentrer dans ce misérable monde, vous m'avez replacée parmi les habitants de Cédar, et votre enfant aurait tristement langui loin de sa solitude, et comme privée de l'élément qui la faisait vivre, si vous n'étiez venue avec votre bonté qui n'a point d'égale, lui apporter du secours. O prodige incompréhensible de l'amour de ma Mère! Alors que je croyais tout perdu pour moi, des grâces de choix, de nouveaux bienfaits allaient m'être accordés. Vous m'attendiez ici, ô Vierge toute aimable, avec les mains pleines de grâces, et vous les avez répandues sur moi avec profusion..... Que vous rendra donc votre fille pour tant de bienfaits!.....

« Votre cœur ne dit jamais : C'est assez. Vous connaissiez, ma bénigne Maîtresse, combien grandes étaient ma faiblesse et mon inconstance pour vivre au milieu de cette Babylone, où tout n'est que vanité, séduction, et vous êtes venue à mon secours avec une tendresse particulière. Qui sait si je n'aurais pas fait un triste naufrage sur la mer agitée de ce monde, parmi tant d'écueils et de tempêtes ?..... Mais vous êtes venue à moi, comme le port assuré de mon âme ; j'ai appris à vous connaître, à vous aimer davantage ; vous avez rapproché mon cœur de votre cœur ; vous m'avez enseigné à m'unir plus intimement à vous, à mettre en vous toute ma confiance; vous m'avez reçue pour votre fille chérie ; vous m'avez placée au rang de vos servantes privilégiées. Que fera donc votre fille, ô Mère bien-aimée, pour reconnaître vos bienfaits, pour vous prouver l'ardeur de son amour !.....

« Permettez-moi de déposer à vos pieds mes serments de fidélité. Je vous le promets..... Je vous le jure..... Je ne veux plus vivre que pour vous, qu'en vous et de vous. C'en est donc fait, Mère chérie, *plus de plaisirs pour moi, plus de satisfactions terrestres : je dis adieu à toutes les créatures* pour m'attacher uniquement à Jésus et à vous.

« Le matin, après m'être paisiblement reposée sur le sein de ma Mère, à sa douce voix je me réveillerai. Aussitôt, je lui donnerai mon cœur. Je baiserai amoureusement son image qui me rappelle les douces chaînes par lesquelles je suis attachée à son service. Après quoi, je me jetterai à ses pieds pour lui demander sa bénédiction maternelle, et la grâce de ne pas permettre que sa fille succombe aux tentations.

« Après que cette bonne Mère m'aura bénie et exaucée, je me la représenterai me remettant entre les mains de mon bon ange en lui disant : Ange de Dieu, ayez grand soin de *ma fille Marie ;* ne la perdez pas de vue un seul instant ; écartez tous les dangers qui se rencontreront sous ses pas durant cette journée; je vous la recommande instamment.

« Je m'habillerai promptement et avec modestie, tout en m'occupant du sujet de ma méditation.

« Ensuite, j'irai à l'Eglise, accompagnée de ma tendre Mère, des anges de chaque chœur de la cour céleste, et de mes saints protecteurs. Étant dans votre Sanctuaire, ô Marie, prosternée à vos pieds, je me livrerai à tout ce que l'amour me dictera pour mon Créateur, pour Jésus, mon époux, et pour vous, ma bonne Mère. Je ferai en sorte d'oublier toutes les choses d'ici-bas ; je m'anéantirai profondément en la présence de mon bien-aimé ; je m'offrirai par vos mains divines *comme victime* pour être immolée avec Jésus. Pour mon oraison, vous savez, bonne Mère : *Toujours avec vous, pour vous et en vous.*

« Si je dois faire la sainte Communion, avant de recevoir mon Dieu, je vous prierai de m'aider à préparer une demeure à votre divin Fils, ou plutôt ce sera vous-même qui voudrez bien le recevoir pour moi..... Avec vous, ô la plus pure des vierges ! il prendra ses délices..... Il se reposera avec complaisance dans votre chaste cœur, et ne regardant que vous, il fera couler sur moi ses grâces abondantes.

« Retournant à la maison, si j'ai le bonheur de posséder mon bien-aimé, je verrai tous les anges s'agenouiller devant moi pour adorer leur Dieu ; je les verrai aussi rendre leurs hommages à leur Reine.

« Dans la journée, mes exercices de piété accoutumés, sans jamais en omettre un seul, ni retrancher la plus petite partie du temps convenu. Pour les faire d'une manière qui plaise au Seigneur, j'aurai soin de me tenir toujours bien unie à vous, ma toute bonne Mère ; me souvenant que mon unique et sûre voie pour aller à Jésus est d'aller à vous. Je ferai donc passer toutes mes actions par votre très-pur cœur, afin que purifiées dans ce divin creuset, comme l'or dans la fournaise, elles soient dignes d'être présentées au céleste Epoux.

« Pendant mon travail, entretiens amoureux et continuels, communications intimes avec Jésus et Marie, fréquentes aspirations, lesquelles partant de mon cœur comme des traits enflammés, iront blesser le cœur de mon divin Epoux et celui de ma tendre Mère.

« Députée par celui qui gouverne mon âme pour tenir compagnie à Jésus et à vous, ma bien bonne Mère, j'apprécierai cette inestimable faveur en me tenant aussi longtemps que je le pourrai dans votre béni Sanctuaire. Là, prosternée en votre sainte présence, j'élèverai mes mains suppliantes vers vous, comme Moïse les élevait vers Dieu sur la montagne, pendant que les prêtres du Seigneur, mes pères et mes frères en Jésus, combattront contre les Amalécites; c'est-à-dire, pendant qu'ils travailleront à exterminer les passions des hommes. Je m'efforcerai, par la ferveur de mes prières, d'attirer vos bénédictions spéciales sur leurs travaux apostoliques. »

Que le lecteur remarque cette tendre charité pour le prochain, ce zèle ardent pour le salut et le bonheur des hommes, zèle qui se prouve bien mieux par les actes, la prière et les sacrifices que par les paroles.

Lucie continue :

« O ma douce Mère ! que je voudrais avoir un cœur aussi brûlant d'amour que ces Esprits bienheureux qui entourent votre trône dans le séjour de la gloire, pour demeurer à vos pieds sacrés ! Il me semble que cette occupation sainte conviendrait bien mieux à un Séraphin qu'à une misérable pécheresse comme moi. Oh ! le bonheur ineffable ! Oh ! le précieux avantage que d'être avec Jésus et Marie ! Eh ! que ne puis-je me consumer devant eux, comme la lampe qui brûle jour et nuit auprès du saint Autel ! »

Cette pensée était habituelle à Lucie. On la retrouve plusieurs fois sous sa plume. A l'exemple de M. Ollier, fondateur des Sulpiciens, toutes les âmes eucharistiques tressaillent à la vue du feu sacré et perpétuel, emblème de l'amour.

« Le jour terminé, l'ange du Très-Haut, chargé de me garder, me présentera à ma Mère, et lui dira : Voilà celle que vous m'avez confiée. Je me prosternerai humblement aux pieds de ma miséricordieuse Mère, pour lui faire l'aveu sincère des fautes que j'aurai commises, en lui demandant de m'en obtenir le pardon ; pour la remercier des grâces qu'elle m'aura accordées pendant le jour. Je lui ouvrirai mon cœur avec simplicité ; lui montrerai les blessures qu'il aura reçues en combattant les ennemis du Seigneur ; je la prierai d'y verser le baume de sa douceur maternelle pour les cicatriser. J'épancherai mon âme dans la sienne en lui faisant part de mes craintes, de mes troubles, de mes ennuis. J'imprimerai amoureusement mes lèvres sur son image chérie ; je lui demanderai sa sainte bénédiction, et j'irai doucement me reposer dans ses bras maternels. »

A cet endroit, Lucie s'écrie transportée par son amour :

« Que puis-je craindre maintenant que je suis tout à ma Mère ? Que puis-je appréhender ? Oh ! non ! douce Vierge Marie, quand tout l'enfer se liguerait contre moi pour m'arracher de votre amour, je me rirais de ses efforts. Quand le monde, avec tous ses charmes, viendrait à moi pour me faire abandonner votre saint service, je ne le ferais jamais, non jamais ; toujours à vous et à Jésus, rien qu'à Jésus et à vous. Je vous confie le soin de mon âme et de mon corps, de mon passé, de mon présent et de mon avenir. Je veux dorénavant ne pas faire un pas, ne pas former une pensée, un désir, ne pas dire une parole, ne pas faire la chose même la plus indifférente, sans votre très-sainte permission, ne voulant que votre bon plaisir en toutes choses et faisant passer mon âme dans votre âme, mon cœur dans votre cœur, en un mot, tout mon être dans votre être.

« Transformée en vous, bonne Mère, je n'agirai que par un principe surnaturel, je n'aurai de sentiment et de vie que pour le Dieu qui m'a créée, à qui seul je dois tendre.

« Avez-vous entendu, Mère aimable, le vœu de mon cœur ? Je veux devenir une autre vous-même, je désire que vous me remplissiez tout entière, et puis après, qu'on coupe, qu'on taille, qu'on me mette en pièces, *je serai de Marie*, et rien ne pourra m'ébranler. Dites-moi, je vous prie, ô ma douce Maîtresse, toute puissante que vous êtes, s'il vous serait possible de me séparer de vous ? Je vous en porte le défi.

« Je veux, pendant que je serai au

milieu du monde, être toujours votre fille chérie, *votre enfant gâté*. Oui, je veux par mon empressement à vous plaire, par ma fidélité à vous servir et mon ardeur à avancer dans votre amour, vous forcer à m'aimer, mais d'un amour, oh! laissez-moi vous le dire, ma toute bonne Mère, d'un amour qui aille jusqu'à la folie. Oh! je vous serrerai de si près, je vous ferai si assidûment la cour, que votre cœur aimant et sensible se laissera captiver. Le croirez-vous, Mère tendrement aimée, si je vous dis que *j'ai l'ambition de surpasser en amour pour vous toutes ces âmes qui, plus heureuses que moi, vous sont consacrées dans la retraite d'une manière spéciale*, et dont le bonheur et la gloire est de vous appartenir. Permettez, Mère chérie, que je vous dise, malgré mon indignité, ce que sainte Thérèse, cette fidèle amante de votre Jésus, lui disait dans un transport d'amour : Oui, je consens volontiers qu'il y ait des âmes plus élevées en gloire que moi dans le ciel, mais qu'il y en ait qui vous aiment davantage, c'est ce que je ne souffrirai jamais. O bonheur d'aimer Marie! que n'es-tu connu, goûté du monde entier !

« Comme l'amour ne se prouve jamais mieux qu'en souffrant pour l'objet aimé, faites donc, ô ma Mère! *que j'aie le bonheur de souffrir quelque chose pour vous avant, de mourir.* Je recevrai tous les coups dont votre main divine me frappera, je la bénirai, je la baiserai avec amour, cette main, si elle daigne s'appesantir sur moi. Je veux m'offrir en holocauste sur votre autel tous les jours de ma vie, pour être brûlée, consumée par les flammes de votre divin amour.

« Mais s'il est si doux de vous aimer,

si c'est pour moi une félicité si grande d'être aimée de vous, ô toute belle, ô ô toute aimable Marie ! cet amour est aussi pour moi la cause d'une peine bien amère. Vous savez, vous, combien il est dur d'être séparé de l'objet qu'on aime : eh bien ! c'est votre éloignement et la privation de votre délicieuse vue, qui me fait soupirer et languir dans cette vallée de misère ; c'est le regret de ne pouvoir vous aimer autant que mon cœur le désire, qui me fait souhaiter avec ardeur de me voir dégagée de tout ce qui m'empêche de voler dans la voie de votre amour ; c'est la crainte de déplaire à vos yeux si purs, qui me fait désirer si fortement de voir tomber et se dissoudre ce corps de péché : car, malgré tous mes efforts pour m'élever jusqu'à vous, je me sens toujours entraînée par ma nature corrompue vers la créature et les choses de la terre. O Marie, ma douce amie ! bonheur de mes jours ! quand donc m'appellerez-vous de cette région de mort, pour me réunir pour jamais à Jésus et à vous ? C'est bien longtemps que vous laissez votre pauvre fille gémir loin de ce qu'elle aime ! Que ne vous hâtez-vous de venir la chercher pour l'emmener avec vous dans le séjour où sont tous ses amours. Oh ! je vous en conjure, Mère bien-aimée, par ce que vous fit souffrir la séparation de celui que vous aimiez si ardemment, par les langueurs que vous fit éprouver l'amour de votre Jésus, après qu'il fut remonté vers les cieux, exaucez les vœux, les désirs de mon cœur ! »

Nous verrons par les tressaillements de joie que ressentit Lucie, lorsque la prison qui retenait son âme captive s'écroula, combien les vœux qu'elle exprime ici, étaient sincères; bien des vertus imparfaites se sont démenties en face de la mort.

Elle continue : « Cependant, bonne Mère, quoique le désir le plus ardent de mon cœur soit de quitter bientôt cette terre d'exil pour aller contempler face à face votre beauté incomparable, si vous voulez que je reste longtemps sur la rive étrangère, jusqu'à la fin du monde même, j'y consens volontiers, pourvu, mon aimable Maîtresse, pourvu que je vous aime et que je vous aime beaucoup. Alors votre délicieux amour me tiendra lieu de l'ineffable consolation de vous voir à découvert dans la céleste Sion. Faites que cet amour en moi aille toujours croissant jusqu'au dernier soupir de ma vie ».

Puis Lucie revient aux pensées qu'elle a déjà exprimées et dont son cœur semble ne pouvoir se détacher, et elle les redit sous toutes les formes.

« Je veux, pendant les jours qui me restent à traverser pour arriver à ma patrie, faire consister tout mon bonheur à aimer, à servir Marie; je ne veux d'autre honneur, d'autre gloire ici-bas que celle d'appartenir à l'auguste Reine des cieux comme son enfant, sa propriété. O ma douce Vierge Marie! vous êtes la paix, la joie, les délices de mon cœur; vous faites toute la douceur de ma vie, vous êtes le charme de ma solitude, ma fidèle confidente, mon amie la plus chère! En vous, j'irai toujours chercher force, consolation; en vous sont réunies toutes mes affections; en vous j'ai mis toute mon espérance après Dieu.

« Je m'efforcerai de me rendre de plus en plus la digne enfant de la plus parfaite des mères, en m'appliquant à suivre ses exemples, en ornant et embellissant mon âme de ses vertus. J'imiterai surtout son humilité, en me regardant comme la plus pauvre, la plus misérable, la plus vile des créatures ; — sa douceur, en supportant tout des autres sans jamais me plaindre, et en faisant en sorte de ne rien faire souffrir à personne ; j'aurai toujours un caractère égal malgré les inégalités de la vie ; — sa charité, en regardant mon prochain comme un autre moi-même, faisant tout pour lui, en vue de plaire à ma Mère ; — sa pureté, *en ne permettant l'entrée de mon cœur à aucune créature*, en veillant avec une attention scrupuleuse sur mes sens intérieurs et extérieurs, ne leur accordant rien qui puisse tant soit peu blesser les yeux du céleste époux ; — son obéissance, en obéissant ponctuellement à tous ceux qui ont le droit de me commander ; c'est surtout pour ceux que Dieu me donnera pour pères spirituels, que je veux avoir la docilité d'un petit enfant ; je m'abandonnerai avec la plus entière confiance à leur paternelle direction ; je leur obéirai aveuglément en toutes choses ; les regardant comme les interprètes de la volonté de ma Mère qui est dans les cieux. Je serai dans les mains des anges visibles que vous me donnerez pour me conduire à vous, ma toute bonne Mère, comme une cire molle, afin qu'ils impriment plus parfaitement en moi votre sainte image ».

C'est dans l'adversité qu'on connaît les amis fidèles, les amis généreux. Lucie se demande comment elle témoignera son amour à la Vierge, sa céleste amie, si le vent de la tribulation pousse quelque sombre nuage sur sa tête. Mais au moment même où elle trace avec de noires couleurs un tableau lugubre, tout-à-coup la vue, le nom, le seul souvenir de Marie s'offre à elle ; il brille au milieu de ces ombres ; et Lucie oublie tout pour chanter, pour aimer, pour exalter sa Mère.

Écoutons-la elle-même.

« Mais tous nos jours, ô Marie, ne se ressemblent pas. Dans les jours mauvais, lorsque la tristesse resserrera mon cœur, que le chagrin obscurcira mon esprit, j'irai à vos pieds, aimante Vierge Marie, parce que vous êtes ici-bas, toute ma consolation ; que vous voulez bien me tenir lieu de mère, de sœur, d'amie, de confidente. Je vous ferai part de toutes mes douleurs, je verserai toutes mes angoisses dans votre cœur compatissant, et votre bienfaisante main daignera essuyer mes larmes, et vous me ferez entendre le doux son de votre voix pour me consoler, et cette voix, comme un parfum suave, réjouira mon pauvre cœur souffrant. Quand le vent brûlant de la tentation viendra souffler sur moi, quand il aura comme desséché mon âme et l'aura rendue presque sans vie, quand je n'en pourrai plus de combats et de fatigues, j'irai me jeter avec une confiance filiale sur votre sein de mère, et là, je sentirai mon cœur battre d'amour pour vous, et je serai fortifiée. O Marie! ô ma pure félicité! Que votre miséricorde est grande, que votre amour est immense pour votre pauvre Lucie!... Elle qui fut autrefois si infidèle, si ingrate envers vous; elle qui vous abreuva d'une mer d'amertume, vous voulez qu'elle vous aime! vous lui faites trouver tout en vous! vous l'enrichissez tous les jours de nouveaux trésors de grâce!... Merci, bonne Mère; mettez, s'il vous plaît, dans moi la reconnaissance et l'amour que je dois avoir pour vous; faites qu'il n'y ait pas un seul instant dans ma vie, où je ne pense à vous;

devenez aussi nécessaire à mon cœur, que l'air qu'il respire. Ah! si jamais je devais avoir l'affreux malheur de vous oublier! si jamais je devais avoir la perfidie de mettre quelqu'autre amour à la place du vôtre! Ah! plutôt, arrachez-moi la vie, tranchez le fil de mes jours en cet instant où j'existe pour vous. Soyez toujours, je vous en supplie, ma tendre Mère, ma chère maîtresse, et en Jésus mon unique vie pour le temps et pour l'éternité ».

Et Lucie termine ces pages touchantes par une noble et apostolique pensée :

« O ma Mère, dans la reconnaissance que j'éprouve pour vos bienfaits, que ne puis-je par mes prières, m'associer aux travaux apostoliques de ceux que vous nous avez donnés pour nourrir nos âmes des paroles de vie! Et vous-même, ô bonne Mère, vous le désirez, vous l'attendez de moi, puisque vous me faites espérer d'être un jour, bientôt, unie spirituellement au corps dont ils sont membres, et d'avoir part à leurs travaux en appartenant par le tiers-ordre à la Société qui porte votre nom. Qu'il vous plaise, ô ma Mère, que je commence à faire maintenant ce que je ferai peut-être dans la suite, que je coopère au bien qu'ils font en les accompagnant en esprit avec vous partout où ils iront vous faire aimer, ma Mère bien-aimée ! »

« Votre indigne mais heureuse enfant, celle qui vous aime et vous aimera toujours,

Marie Lucie ».

Dans cet écrit brûlant, dont nous avons laissé subsister, à dessein, les édifiantes longueurs, dans cet écrit, acte de charité répété mille et mille fois,

Lucie a tracé à son insu l'histoire fidèle de la vie qu'elle a menée, la dernière année qu'elle a passée sur la terre. Elle se résume en trois mots : *Détachement de toute créature, union incessante à Jésus et à Marie, immolation perpétuelle d'elle-même pour la gloire de Dieu et le salut des âmes !* Elle s'était interdit les satisfactions les plus légitimes, et toute espèce d'entretiens, même les plus innocents. Elle se prêtait, il est vrai, avec affabilité et condescendance, aux relations qu'elle ne pouvait absolument fuir, et recevait avec grande charité des personnes qui, par affection pour elle, venaient de Bordeaux à Verdelais, afin de jouir de sa compagnie. Mais elle ne recherchait jamais volontairement de telles occasions, et on sait même qu'elles étaient pour elle la matière d'un sacrifice *surnaturel*. Jamais je ne suis mieux, disait-elle, que quand, me foulant aux pieds moi-même, je suis seule avec Dieu seul. Avait-elle besoin de donner quelque relâche à son esprit, on la voyait se promener silencieuse et solitaire, mais sans affectation, un livre ou son chapelet à la main, sous le cloître qui touchait à cette époque le Sanctuaire, ou dans le petit bois qui est situé derrière l'Eglise [1].

Elle souffrait beaucoup, et le délabrement de sa poitrine allait toujours croissant; mais jamais elle ne se plaignait, et dans les secousses de la maladie,

---

[1] Tout en respectant et en admirant même l'attrait de Lucie, fruit de l'Esprit-Saint, rappelons la règle générale. « Il faut, dit saint François de Sales, se plaire avec soi-même quand on est dans la solitude, et avec le prochain comme avec soi-même, quand on est en compagnie; et partout ne se plaire qu'en Dieu, qui fait la solitude et la compagnie. Partout, il fait bon avec Dieu; nulle part sans lui, il n'y a de bonheur. »

comme au milieu des petites contrariétés qu'elle pouvait rencontrer sur son passage, jamais on ne vit en elle un mouvement d'impatience. Ce qui rend ce calme surnaturel plus méritoire, c'est qu'elle sentait vivement. Aussi, quelqu'un qui la connaissait bien, qualifiait sa patience d'angélique.

Bien plus, nous l'avons vue, haletante de désir et d'amour, demander au ciel, à grands cris, des souffrances, comme l'ami du monde le plus passionné demande des plaisirs.

Aussitôt qu'elle eut compris que le Seigneur lui donnait, en échange de la profession religieuse à laquelle elle aspirait, une vocation plus précieuse encore en un sens, puisqu'elle est la fin de la vocation religieuse elle-même, elle ne voulut plus demander à Dieu la guérison et la santé, quelques instances qu'on lui fît à ce sujet. Un ordre formel de son directeur eût pu seul la déterminer à cela. Rien ne lui paraissait préférable au bonheur d'aimer et de souffrir. Puis, elle aspirait avec tant d'ardeur à l'union prochaine de son âme avec Jésus !!!...

Elle n'a jamais reculé devant aucun sacrifice. On l'a tournée et retournée dans tous les sens pour voir si enfin il lui échapperait un *non ;* sa volonté fixée en Dieu n'a pu être vaincue ; elle était prête à tout.

Un jour, elle crut connaître par un signe certain que le Seigneur avait pour agréable qu'elle fît un acte héroïque, et elle se précipita avec amour pour coller ses lèvres à un objet dégoûtant, comme ont fait saint Eustache, saint François d'Assise et sainte Chantal. Elle eût renouvelé à chaque instant des actes de ce genre, si l'on n'eût mis des bornes à son esprit de sacrifice.

Sa santé si faible ne lui permettant de rendre que fort peu de services à ses parents, elle passait toute la journée à l'Eglise devant le tabernacle de Jésus, et la miraculeuse Image de Marie. Si la lampe de l'autel se fût éteinte, sa présence religieuse et enflammée eût dit à tous : *Le Maître est là.* On la voyait les heures entières, sans aucun mouvement, toute perdue en Dieu, et abîmée de respect et d'amour. Plusieurs dames patronesses de l'Œuvre dite de Verdelais, pour participer à ses ardeurs, venaient tout exprès prier à côté d'elle. Oui, on peut le dire, jamais peut-être, il n'a été prêché si éloquemment dans ce Sanctuaire sur la dévotion à la sainte Eucharistie et à la Sainte-Vierge, que la dernière année de la vie de Lucie. Et la vie parfaite ne se résume-t-elle pas toute dans ces trois mots : *Jésus-Hostie, Marie, les âmes?* Ailleurs, nous avons vu que le zèle des âmes n'était pas non plus oublié par elle.

Un jour, un prêtre nouvellement arrivé, ayant porté le saint Viatique, fut si frappé de son profond et céleste recueillement, qu'au retour il demanda avec admiration quel était cet ange qui accompagnait ainsi Notre-Seigneur.

« Oh ! disait Lucie un jour, être près du Tabernacle de Jésus et de l'Autel de Marie ! O délicieux séjour ! Paradis de la terre ! Être députée pour tenir compagnie à Jésus et à Marie ! O l'inestimable faveur ! Ah ! priez, priez, ma sœur ; demandez que je me consume pour l'époux de mon âme et pour ma bien-aimée Mère ! »

Chaque fois que la cloche des Pères Maristes se faisait entendre, Lucie, dit-on, s'unissait à l'exercice pieux que la voix de Dieu commandait à ces prêtres, et suivait à leur insu leur règlement spirituel.

Nous avons vu, par les résolutions qu'elle s'était prescrites, que, quoique Jésus l'eût admise aux chastes embrassements de son amour [1], suivant le langage des saintes Lettres, en l'appelant à la contemplation, néanmoins elle se disposait de son côté aux communications du Saint-Esprit, par les actes communs et ordinaires de la vie spirituelle, suivant l'exemple et l'avis de saint François de Sales [2]. De même qu'on

---

[1] *Osculetur me osculo oris sui.* (Cant. Cant. 1. 1)

[2] « J'aime, disait saint François de Sales, le train des saints devanciers et des simples. » Il lui arrivait, il est vrai, parfois, de se mettre en oraison sans préparation ; mais, quoique, selon son expression, il se fût trouvé « extrêmement bien auprès de sa Majesté, avec une seule et très-simple affection d'amour, » il n'osait en faire

peut, faute de recueillement et de vigilance, prendre *l'activité naturelle pour le zèle*, ainsi la contemplation qui ne serait *jamais accompagnée d'aucun acte, dégénérerait aisément en paresse spirituelle.*

Lucie avait placé devant elle un tableau sur la vie de foi dont elle cherchait à copier tous les traits dans sa conduite.

« Qu'est-ce que la vie de foi ?

« Vivre de la foi, c'est penser, sentir, juger, parler et agir selon toutes les règles de la foi.

« *Le Juste vit de la foi*, dit l'Esprit-Saint. Quand on vit d'une chose, qu'on s'en nourrit, on la change en sa propre

---

une pratique ordinaire. Il tint plusieurs années sainte Chantal à la méthode commune d'oraison, avant de lui permettre de se livrer à l'attrait invincible qui la portait à s'unir à Dieu par un simple regard du cœur.

substance; de même, une âme qui vit de la foi, qui s'en nourrit continuellement, cette âme toute spirituelle fait de la foi sa propre substance. Elle en remplit toutes ses pensées, toutes ses paroles; elle embaume de ce céleste parfum toutes ses œuvres, même les plus indifférentes et les plus petites.

« La vie d'une âme qui vit de la foi est une application soutenue à la présence de Dieu, une mort spirituelle à elle-même et au monde, aux penchants, aux affections de la terre et aux inclinations de la nature.

« C'est précisément *cette mort vitale*, comme l'appelle S. François de Sales, qui est le vrai caractère des disciples de Jésus-Christ et des enfants de Marie ».

On a dit avec raison que la foi est *un sixième sens*. Rien n'échappe à son regard. A la clarté de ce flambeau céleste, Lucie considérait souvent avec un vif sentiment de compassion les prisons où gémissent les justes à qui il reste des fautes à expier, et elle priait beaucoup pour les pauvres âmes du Purgatoire. Nous trouvons, dans un écrit tracé de sa main où, comme toujours, elle prend la Reine du ciel pour sa confidente, les paroles qui suivent :

« Ma Mère, il me semble que la dévotion aux âmes du Purgatoire doit être un excellent moyen pour obtenir la conversion des pécheurs. Ces pauvres âmes ne peuvent rien pour elles-mêmes ; mais elles peuvent beaucoup pour les autres.

« Qu'elles sont grandes, ô Marie ! qu'elles sont inouies les souffrances de ces âmes détenues dans ces lieux d'expiation ! Mais ce qui contribue le plus à augmenter leurs tourments, c'est l'amour qu'elles ont pour leur Dieu. Elles se sentent attirées fortement vers l'objet aimé; elles voudraient s'élancer vers lui pour lui être unies à jamais, et voilà qu'il les repousse continuellement. Quel cruel martyre que d'être séparé de ce qu'on aime ! La pensée des membres de l'Église souffrante rappelle à mon souvenir, ma bien tendre mère, ce que vous souffrîtes en l'absence de votre bien-aimé après son ascension. Il vous attirait aussi avec une force inconcevable, et cependant il vous tenait toujours éloignée de lui. Oh! que grandes furent vos peines, ô douce Vierge Marie, loin de votre cher Jésus, l'objet de tout votre amour! Oh! qui pourra jamais les comprendre! Il faudrait pour cela aimer comme vous. Oh! si jamais il y eut une âme éprise de l'amour de son Dieu, et qui, pour se voir réunie à lui pour toujours, désirât la destruction de son corps, ce fut bien vous, ô divine Marie! vous qui, seule, aviez plus d'amour que tous les anges et tous les saints ensemble. Pourquoi donc, Jésus, mon unique époux, faites-vous tant souffrir celle que vous aimez si ardemment? n'avait-elle pas assez souffert à cause de vous? Pourquoi donc la retenez-vous si longtemps captive et prisonnière? Vous êtes bien contrariant pour votre bien-aimée, Jésus, mon tout! Ah! laissez seulement agir son amour, et vous verrez bientôt son âme se désunir de son enveloppe mortelle pour aller s'asseoir à côté de vous dans le ciel!!.. Mais, ô Mère pleine de bonté, puisque mieux que personne vous comprenez la grandeur des souffrances des âmes du Purgatoire, abaissez, s'il vous plaît, un regard de compassion sur cette partie de vos enfants qui souffre; j'implore pour eux, à vos pieds, votre clémence et votre miséricorde. Je vous promets que j'emploîrai tous les moyens qui sont à ma disposition pour le soulagement et la délivrance de ces âmes, afin qu'elles, à leur tour, s'intéressent à la conversion des pécheurs que je leur recommanderai. J'offrirai pour elles toutes les peines par où il vous plaira de me faire passer ».

Le lecteur remarquera une fois encore (ne nous lassons pas de répéter cette observation) que bien différente de ces âmes qui sont toujours repliées sur elles-mêmes, Lucie pense partout au salut des pécheurs. Les prières mêmes qu'elle verse sur les douleurs du Purgatoire, son ingénieuse charité veut les faire servir au retour et au bonheur de ceux qui vivent sous l'empire du démon.

On se tromperait grandement, si on croyait que Lucie n'éprouvait jamais d'aridité dans le service de Dieu. Le Seigneur aurait-il pu la priver d'une grâce qu'il accorde aux âmes qui lui sont les plus chères, et qui, en augmentant leur mérite, fortifie de plus en plus leur vertu et l'enracine dans la foi? D'ailleurs ces vicissitudes sont l'apanage nécessaire de la condition humaine. Nous avons déjà entendu souvent la jeune servante de Jésus et de Marie parler de combats et de tentations, dont elle n'a pas expliqué la nature. Il lui arrivait aussi parfois de trouver fort longs les moments qu'elle passait aux pieds de Notre Seigneur et de la Sainte Vierge. Elle en était humiliée, confuse, elle en gémissait (avec modération) en la présence de Dieu ; mais, bien loin de perdre confiance, elle redoublait de charité. « Il n'a pas grand amour, disait saint François de Sales, celui à qui le courage ne grandit pas parmi les difficultés. »

Dans une de ces occasions, Lucie s'écriait :

« Ma bonne Mère, par quel désert aride vous me faites passer. Quels dégoûts! quels ennuis! quelle froideur! Et dans ces instants d'obscurité intérieure, je cherche à vous découvrir à travers cet épais nuage qui voile votre douce présence à mon âme affligée. Je me demande avec inquiétude si je vous aime véritablement, et mon cœur, insensible en apparence pour vous, me répond que oui, et je me sens toujours dans la disposition de vous tout sacrifier, même de ce que j'ai de plus cher, *tout, tout sans exception.* O mon aimante Marie ! mon tout après Jésus ! coupez, brûlez, tranchez, dépouillez-moi de tout, accablez-moi de toutes sortes de maux; mais permettez-moi de vous aimer toujours. Couvrez-moi d'opprobres et d'ignominies ; mais donnez-moi pour Jésus et pour vous un amour qui s'enflamme toujours davantage jusqu'à mon dernier soupir. Ah! avec quelle ardeur je désire que mon cœur soit réduit en un vaste incendie d'amour, qu'il soit comme captif sous les heureuses chaînes de l'amour, en sorte qu'il ne lui soit plus possible d'aimer autre chose que mon bien-aimé Jésus et vous seule, Mère chérie. Oh! faites-moi, je vous en conjure, franchir d'un pas rapide les obstacles sans nombre qui m'empêchent de courir dans la voie de votre pur amour. Souffrez pourtant que je me plaigne à votre cœur aimant et que je vous demande pourquoi vous cachez ainsi votre face à celle à qui vous avez donné tant de marques de tendresse, à celle que vous aimez, ah! j'ose le dire, celle que vous aimez d'un amour tout spécial? N'est-ce donc pas assez d'être privée dans ce séjour de larmes, de votre délicieuse vue? Faut-il que vous vous cachiez si souvent à celle qui ne cherche de bonheur qu'en vous ? Ah ! je vous entends me répondre que c'est pour vous assurer de mon amour, pour m'apprendre à vous aimer avec plus de pureté et de désintéressement, que vous agissez ainsi à mon égard. Continuez, bonne Mère ; laissez-moi aussi long-temps qu'il vous plaira dans cet état ; je ne vous en aimerai pas moins, je n'en demeurerai pas moins unie à vous et à Jésus, toujours, toujours ! »

Nous avons copié textuellement ces lignes que Lucie a tracées elle-même ; et les sentiments de foi que font sortir de son cœur les épreuves du Seigneur, nous dispensent de parler des bons effets que produisent les sécheresses spirituelles dans les âmes bien disposées. Nous profiterons seulement de cette occasion pour ajouter ici une observation extrêmement importante, et dont l'application pratique n'échappera pas au lecteur. Ce qui a fait le mérite, la vertu, la sainteté de Lucie, ce ne sont pas les consolations sensibles dont il a plu à Dieu de la favoriser dans les derniers temps de sa vie; ce ne sont pas même les sentiments admirables qu'elle éprouvait, du moins pris isolément; ce n'est pas non plus la nature de l'oraison sublime à laquelle elle a été élevée : c'est uniquement sa fidélité à la grâce, sa correspondance aux inspirations. Ainsi se forment les saints, et ils ne se forment que de cette manière. Aussi Notre-Seigneur, donnant la marque à laquelle on pourra reconnaître si l'on a un vrai amour pour lui, parle des œuvres et non des affections : « Celui-là, dit-il, m'aime véritablement, qui connaît mes commandements et qui les garde. » « Les douces affections qui partent du cœur vers Dieu sont parfois, dit un saint docteur, plutôt l'effet d'une complexion tendre et sensible que de la grâce; assez souvent, elles viennent du corps plutôt que de l'esprit, et la partie inférieure y a parfois, plus de part que la raison. D'où il suit, ajoute-t-il, que quelquefois une âme imparfaite qui n'aime Dieu que d'une manière ordinaire, est plus touchée de cette charité affectueuse et sensible qu'une âme qui aime davantage et qui est plus avancée dans la perfection. Ainsi, il ne faut pas mesurer la force et la grandeur de l'âme sur ces goûts spirituels auxquels on s'attache beaucoup, mais sur l'affermissement qu'on a acquis dans la pratique de toutes les vertus solides, par exemple, du détachement, de l'humilité, du mépris pour toutes les choses de la terre, de la mortification, de l'union à Dieu, du recueillement, de l'esprit de prière, de l'indulgence pour les défauts du prochain, de la charité envers ses frères. » Voilà aussi pourquoi il nous semble que Lucie a aimé Dieu de tout son cœur, de tout son esprit, de toutes ses forces, suivant le précepte du Seigneur. On oublie trop cette doctrine, et comme on bâtit sa vertu sur du sable, sur des goûts sensibles, et non sur le roc ferme, c'est-à-dire sur les motifs de la foi ; au moindre vent de contradiction qui souffle, dès qu'on ne trouve plus dans la pratique de la piété le plaisir qu'on y cherchait, on le demande à la créature, aux jouissances mondaines ; et, d'un sensualisme dévot et innocent, mais mal réglé, on se précipite dans un sensualisme mondain, dangereux ou coupable. Cet avis s'adresse surtout aux jeunes gens et aux jeunes personnes qui, doués d'un bon naturel, d'une exquise sensibilité, d'un goût délicat pour la vertu, la pratiquent par un attrait un peu humain, par la douceur qu'ils y éprouvent, et à cause des émotions suaves qui se répandent doucement et délicieusement jusque dans les sens. Qu'ils savourent avec reconnaissance le miel dont Dieu, dans sa condescendante charité, couvre la nourriture qu'il leur présente, par égard pour leur faiblesse, à la bonne heure; mais qu'ils s'attachent seulement au pain de la foi : c'est le pain qui donne la vie. On peut et on doit chercher *le bonheur* dans la Religion, il s'y trouve; n'y cherchons pas *le plaisir;* prenons-le sans y tenir, quand Dieu nous le donne.

On nous pardonnera cette digression que nous avons faite dans le dessein d'être utile. Revenons à Lucie.

Nous avons sous les yeux un billet écrit par elle. Une personne qui le garde avec soin, comme une précieuse relique, a bien voulu nous le communiquer ; c'est un témoignage de la générosité de Lucie. Nous y lisons ces mots : *Depuis hier, j'ai le cœur serré sous un horrible pressoir.* En cet état de souffrances intérieures, la pauvre malade, épuisée en même temps par ses souffrances physiques, va sans doute s'accorder quelque relâche et prendre un peu de repos. Rien ne serait plus juste. Mais sur le même papier, on lit les paroles suivantes : « Voulez-vous me permettre, s'il vous plaît, de passer une partie de la nuit en prière, c'està-dire depuis dix heures du soir jusqu'à une heure après minuit. Ne faites, je vous en supplie, d'autre considération que celle ci : que c'est la TrèsSainte Vierge qui m'inspire de choisir les ombres de la nuit qui précédera le dernier jour de son mois béni (Mai), pour faire violence à son cœur de

Mère. J'ose espérer que vous ne me refuserez pas la faveur que je vous demande au nom de celle que vous aimez tant, la douce Vierge Marie. »

Ceci nous rappelle une remarque faite par l'Évangéliste : Lorsque Jésus, au jardin des Olives, fut accablé dans sa prière, de tristesse, d'ennui, de chagrin, il prolongea son oraison : *Factus in agoniâ prolixiùs orabat.*

On ne s'étonnera pas de voir Lucie faire si bon marché de sa santé qui baissait à vue d'œil, lorsqu'on saura qu'elle avait offert à Dieu, quelques jours auparavant, le 13 Mai 1847, un sacrifice bien plus étendu. L'acte, signé de son sang, et qui a pour titre : *Le sacrifice de ma vie*, commence ainsi :

« Ma bonne et tendre mère Marie, mon auguste et aimable maîtresse, aujourd'hui, beau jour de l'Ascension, 13 de votre mois béni, 1847, au moment solennel de la communion, je soussignée, votre petite fille et pauvre servante, je vous sacrifie en toute liberté, avec pleine connaissance, et du plus grand cœur, mes forces, ma santé, mon existence et toute ma vie. »

Puis elle demande à Marie *d'être humiliée par toutes sortes de mépris,* d'être humiliée *tous les jours et à chaque instant du jour,* de boire goutte à goutte le calice de la mort, de *souffrir sans cesse, de se consumer d'amour et de sacrifices* entre ses bras et sur son sein comme un holocauste d'agréable odeur aux yeux de Jésus, *comme une victime d'amour bien librement, bien volontairement offerte à la très-sainte et très-Immaculée Conception de sa Mère,* de mourir dans les croix, afin de *ressembler davantage à son Jésus crucifié et à sa Mère souffrant au Calvaire, de mourir bientôt, afin de pouvoir plus tôt bénir sa bien-aimée protectrice, l'aimer sans partage, la posséder sans crainte de la perdre jamais.*

Elle offre enfin sa mort à Jésus et à Marie : « Premièrement, dit-elle, en expiation bien juste de tous les péchés de ma vie et de toutes mes faiblesses actuelles si nombreuses et si grandes; secondement, pour le salut de l'âme que vous savez; troisièmement, pour obtenir de Dieu par votre puissant secours, ô Marie, l'extension universelle de votre règne si doux sur les cœurs, la propagation rapide de votre délicieuse dévotion, et l'éternelle glorification du nom sacré de votre aimable Fils et de votre nom mille fois aimé. »

Heureuse l'âme fidèle qui, à l'exemple de Lucie, se précautionnant d'avance contre les surprises du dernier jour, et ne voulant pas manquer une si belle occasion d'offrir à Dieu un acte d'amour parfait, fait de temps en temps, aux pieds du Seigneur, le sacrifice de sa vie. On ne meurt qu'une fois. Ah! qu'il importe pour un cœur qui aime de mourir de la manière la plus agréable au Seigneur! Et peut-on mourir plus saintement qu'en unissant son dernier soupir à celui de Jésus, et en se faisant victime avec lui pour le salut des âmes et la glorification du nom de Dieu? Mais c'est une grâce insigne que nul ne peut mériter, et qu'il faut obtenir du cœur miséricordieux de Jésus par la toute-puissante intercession de Marie.

Quelques jours après avoir fait cet acte solennel, Lucie se mit en retraite, pendant trois jours, en l'honneur de la Présentation de Marie, afin de se préparer à une autre oblation vivement désirée par elle. Elle avait enfin obtenu par ses instances de prononcer pour deux mois le vœu de chasteté et les vœux de pauvreté et d'obéissance, autant que sa position pouvait le lui permettre. L'avant-veille de ce jour fortuné, Marie lui montra, dans la pureté de son cœur immaculé, comme dans un miroir, toutes les taches de sa vie. A cet aspect, Lucie frémit d'horreur, et, épouvantée d'elle-même et sentant un immense besoin de purification, elle se jeta à corps perdu dans le sein virginal de sa bonne mère, afin d'être lavée de ses souillures. Le surlendemain, dans la joie de son affranchissement, elle s'écriait :

« Jésus ! mon bien-aimé Jésus ! me voici donc enchaînée à vous par trois nœuds sacrés, j'ai contracté avec vous aujourd'hui une alliance, oh ! une alliance bien intime, et je puis dire avec vérité que vous êtes le cher époux de mon cœur, mon unique, mon seul aimé ! Et je puis réellement penser que vous êtes tout à moi ! O miséricorde ! ô incompréhensible amour de mon Jésus ! que vous me faites éprouver de bonheur dans mon exil. Mon cœur déborde de sentiments de joie et de reconnaissance.... Puisque vous venez de vous donner à moi dans le Sacrement ineffable de votre amour, laissez-moi, doux Jésus, vous presser étroitement sur mon cœur, laissez-moi me reposer sur le vôtre, afin que j'en sente les palpitations qui sont toutes pour moi. Ah! que je pénètre bien avant dans cette fournaise de charité, que je me fonde et m'écoule tout entière dans ce brasier ardent, et qu'après, ce ne soit plus moi qui vive, mais plutôt vous, ô tendre Sauveur, qui viviez en moi !... en moi, dans le temps et dans l'éternité !

« Anges du ciel, brûlants Séraphins, ô vous qui, chaque jour, enviez mon bonheur à la table eucharistique, aidez-moi, je vous en conjure, à bénir, à célébrer les miséricordes de celui que vous appelez votre Dieu, votre Roi, et que moi, moi, vile pécheresse, je puis nommer mon père, mon époux, mon ami... ».

A l'issue de cette retraite, Lucie prit d'héroïques résolutions qui témoignent de l'abondance des grâces qu'elle recevait et de sa générosité à y correspondre. Elle attaque résolument l'orgueil qui *est,* dit-elle, *un de mes défauts dominants,* se propose de profiter de toutes les occasions qui se présenteront de s'humilier, et se prémunit elle-même contre les marques particulières d'intérêt qui lui sont données, « *Non, parce que je les mérite,* ajoute-t-elle, *mais par des vues toutes miséricordieuses de votre amour sur moi, ô Marie* ». Elle se sépare de plus en plus de tout ce qui est créé, et ne veut pas même admettre dans son esprit « *une seule pensée de quoi que ce soit de terrestre, ou sur les personnes ou sur les choses, une seule réflexion inutile sur elle-même ou sur les autres* ».

Mais rien n'est magnanime comme l'humilité; et dans le moment même où Lucie confesse sa faiblesse, elle s'écrie emportée par son amour : « O Marie, je me sens forte de votre force même. Plus rien ce me semble, ne me coûtera, dès qu'il s'agira de plaire à mon divin Jésus et à vous, mon aimante mère. *Je ne reculerai devant aucun sacrifice,* quelque dur, quelque pénible qu'il puisse être à la nature ».

Cependant la vie de détachement entier et de privation que menait Lucie, les mortifications qu'elle exerçait sur son corps frêle et délicat, cette oraison continuelle qui en faisait une victime, (car, dit Fénelon, l'oraison, même la plus déliée, ruine le corps,) tout cet ensemble de sacrifices héroïques, cette existence surhumaine avait, à ce qu'il paraît, éveillé à juste titre la sollicitude de ceux qui étaient chargés de sa conduite spirituelle. Sans doute, il ne faut pas contrarier la marche du Saint-Esprit dans les âmes ; mais il n'est pas toujours facile de reconnaître ses voies, et on ne doit pas croire à tout esprit, surtout quand cet esprit paraît s'écarter des règles communes que la prudence conseille de suivre dans les cas ordinaires, surtout encore quand il s'agit de jeunes gens ou de jeunes personnes. (A cet âge, dit Saint Philippe de Néry, les vertus solides sont très-rares.) Lucie, pendant les jours de recueillement dont nous venons de parler, revint sur les observations qui lui avaient été faites ; elle examina sérieusement devant Dieu les motifs qui la faisaient agir, et les attraits de la grâce en elle, afin de pouvoir en rendre compte à celui qui tenait la place de Jésus-Christ à son égard. Voici comment elle formule le résultat de ces pieuses investigations, dans le cahier de ses impressions religieuses, dont nous avons déjà extrait plusieurs passages.

« Après avoir prié, sollicité avec toute la ferveur de mon âme la Sainte-Vierge, après lui avoir demandé avec beaucoup d'instances qu'elle m'éclairât sur les quatre points dont on m'a parlé, voilà ce que cette toute aimante mère m'a inspiré. Oh! oui, elle a parlé à mon cœur, cette bonne mère; j'ai reconnu sa voix et celle de son divin fils au moment sacré de la communion. Il était si près de moi, ce divin Jésus, et puis il est si bon, que je lui ai exposé les craintes qu'on éprouve et notre embarras, avec la plus grande confiance. Je lui ai ouvert mon cœur comme un ami s'ouvre à son intime ami, et il a daigné faire briller aux yeux de mon âme un rayon de sa bienfaisante lumière ; il a dissipé les doutes qu'on a élevés à mon sujet, et m'a convaincu que j'étais bien dans la voie par laquelle il veut que je marche jusqu'à mon dernier soupir.

« Voici les pensées qu'il m'a données avec une claire vue sur ces quatre points :

« Premièrement, sur le genre d'oraison qu'on m'a fait adopter d'après les dispositions qu'on a cru reconnaître en moi : Outre l'attrait de la grâce qui m'y porte continuellement, le bien que j'ai déjà éprouvé par cette sorte d'oraison, me prouve assez clairement que c'est Dieu qui, dans son immense miséricorde, veut m'acorder l'inappréciable faveur de la contemplation.

« Secondement, pour la fuite des

créatures et l'isolement dans lequel je vis : Je crois, oh ! je crois bien fermement que *si je ne me sépare et d'esprit et de corps de toutes les créatures*, je ne pourrai jamais arriver au degré de perfection que le bon Dieu demande de moi, étant d'une nature si faible, si impressionnable.

« Troisièmement, sur ma santé : Oh ! qu'on a tort de s'en inquiéter. Le bon Dieu veut que je souffre ; c'est là ma vie désormais ; une vie de souffrance et de sacrifice ; voilà quel est mon heureux partage. La victime est offerte, et peut être bien près d'être immolée. Quel bonheur !

« Quatrièmement, sur les sacrifices : Je n'ai qu'une chose à dire, c'est que mon âme en reçoit le plus grand bien. Cela sert à m'établir dans une humilité profonde par le souvenir de la corruption de mon cœur et des fautes de ma vie passée ». (Par le mot de sacrifices, elle désigne, probablement, des mortifications).

On voit, par ces simples paroles, une fois de plus, que le corps n'était rien pour Lucie. Il est inutile d'ajouter que le contexte de cet examen indique qu'elle devait soumettre ses pensées à son père spirituel ; sans cela, il leur eût manqué le cachet nécessaire de tous les attraits qui viennent de Dieu : l'humilité et l'obéissance.

Nous ignorons ce qui fut répondu à Lucie. Il est à présumer que, tout en modérant, dans quelques cas particuliers, la ferveur de cette âme héroïque, le directeur spirituel de la généreuse vierge fut, dans une certaine limite, entraîné lui même-par le fort mouvement qu'elle subissait, et qu'il n'osa pas mettre trop d'entraves au vol hardi de cette pure colombe qui cherchait à se reposer en Dieu.

Mais le fil léger qui la retenait encore à la terre s'affaiblissait de jour en jour, soit par suite des secousses de son ardent amour, soit à cause du dépérissement de sa santé. Le temps n'était pas loin, où le divin époux devait lui faire entendre ces paroles : *Levez-vous, ma bien-aimée, et venez à moi. L'hiver est passé; les pluies ont cessé; les fleurs apparaissent sur la terre; la voix de la tourterelle s'est fait entendre; la vigne est fleurie et elle répand une agréable odeur; levez-vous, ma bien aimée, ma colombe; venez* [1].

L'approche de ce jour faisait tressaillir Lucie d'espérance et de bonheur. On ne pouvait lui causer une plus douce satisfaction, que de lui parler de sa mort prochaine.

Voici une prière qu'elle adressait à Marie, au commencement du mois

---

[1] *Cantique des Cantiques.*

d'août pour obtenir son assistance en ce dernier passage :

« Ma douce Vierge Marie, ma toute bonne Mère, oh! je sens mes forces corporelles défaillir, et ma vie s'en aller avec rapidité vers la tombe!

« Vainement, ce me semble, j'emploîrais les moyens humains pour revenir en santé parfaite et prolonger mon existence. Quelque chose me dit au fond de l'âme que je ne guérirai jamais. Merci, bonne Mère! Oh! oui, si c'est votre sainte volonté que je meure, je le veux, moi aussi, de plein cœur.

« Certes, ma douce Mère, ce n'est pas que je compte sur mes préparatifs, ni sur mes mérites pour l'Eternité! Ce n'est pas que je me rassure à la vue de mes bonnes œuvres, de mes pénitences et de mes vertus! Hélas! je n'ai rien de tout cela pour animer ma confiance et pour me rassurer contre les craintes de la mort.......

« Mais ce qui me tranquillise et me console, c'est mon amour pour vous, douce Maîtresse! C'est mon entier, mon aveugle abandon à votre bon plaisir! C'est ce délicieux sentiment qui me lie à vous jour et nuit, qui me tient tout entière sous l'amoureuse dépendance de votre cœur immaculé!

« Douce Vierge Marie, je suis votre fille et vous êtes ma mère! Or, une mère aussi bonne, aussi aimante que vous, pourrait-elle laisser périr son enfant? Ah! je le sais bien, je ne suis qu'une méchante et ingrate fille! Mille fois par mes inconstances et mes infidélités, j'ai mérité votre dédain et votre courroux! Misérable prodigue, trop longtemps, ma Mère, oui, je le confesse les larmes aux yeux, trop longtemps j'ai fui le toit maternel! trop longtemps, pour me satisfaire, j'ai erré, çà et là, dans la nuit du péché!!!

« Pardon, ma Mère, de tous mes égarements! je vous demande mille fois pardon d'avoir si injustement contristé votre cœur sacré qui n'eut toujours que des bontés pour moi!!!

« Oh! je suis bien repentante et bien navrée de tous mes torts; et voilà qu'aujourd'hui, n'en pouvant presque plus de fatigue et de souffrance, je vous offre de bon cœur tout cela, en expiation de mes iniquités.... Bonne Mère, je vois ma santé dépérir de jour en jour; eh bien! j'accepte volontiers mon entière destruction, en pénitence de mes fautes......

« Oui, que je languisse, que je souffre, que je traîne péniblement mon existence, pendant plusieurs années encore, s'il le faut, sur cette terre de pèlerinage! Je veux, ma douce Vierge

Marie, marcher après vous dans les épines et le sang !.. Je veux avec vous suivre mon divin Jésus, jusque sur le Calvaire !... Je veux, comme lui, m'étendre, avec vous, sur l'arbre sacré de sa croix mille fois chérie !... Je veux, en un mot, Mère bien aimée, si c'est votre bon plaisir, oh ! oui, je veux souffrir, avec vous et comme vous, toutes les angoisses et toutes les douleurs du plus long et du plus cruel martyre !!!

« O Marie, auguste Reine des Martyrs, en retour de ma bonne volonté, ayez pitié de moi, si pauvre en vertus ! Priez pour moi si faible et si misérable ! Soutenez-moi, s'il vous plaît, moi si délicate et si peu mortifiée !

« O Marie ! ma toute aimable et miséricordieuse Maîtresse, rendez-moi plus digne de vous ! Appelez-moi sous peu à vous !

« O Marie ! ô pieuse, ô clémente Vierge Marie ! ô Mère mille et mille fois aimée ! Ah ! qu'il me tarde de vous voir au ciel ! de vous y bénir et de vous y aimer d'un amour qui ne finisse jamais ! Qu'il me tarde de ne pouvoir plus vous perdre, vous, après Dieu, ma seule gloire et mon plus riche trésor !

« Oh ! je vous en conjure, Mère toute aimable, venez bientôt me chercher ! Venez bientôt à la rencontre de votre toute petite fille ! Accourez vite au devant de votre humble et chétive servante ! Venez pour la présenter à votre divin Fils, venez recevoir entre vos mains si pures, mon âme avec son dernier soupir !!!

« Sainte Marie, mère de Dieu, priez pour moi, pauvre pécheresse, maintenant et à l'heure de ma mort... Ainsi soit-il ! »

Le 15 Août 1847, fut un jour mémorable pour Lucie ; elle renouvela les vœux temporaires qu'elle avait faits deux mois auparavant, et se lia à Dieu par un engagement irrévocable.

Elle s'exprime ainsi dans ce contrat sacré :

« Douce Vierge Marie, mon unique espérance après Dieu, et ma plus chère consolation,

« Il me manquait quelque chose pour vous dire plus énergiquement tout mon amour, et ce quelque chose vient de m'être accordé !

« O Anges du ciel, enviez mon bonheur ! ô ma toute aimante Maîtresse, soyez bénie mille fois de toutes vos faveurs ! ô mon Dieu, jamais, non jamais je ne pourrai vous dire tout ce que je ressens de reconnaissance et d'amour !

« Aujourd'hui, 15 Août 1847, fête solennelle de l'Assomption de la Sainte-Vierge, moi, sœur Marie du Saint-

Sacrement, (c'est le nom qu'elle avait pris en entrant dans le tiers-ordre de la Société de Marie, nom qui résumait toute son existence) moi, sœur Marie du Saint-Sacrement, bien libre de ma volonté et comprenant parfaitement toute l'étendue et toute l'importance de l'engagement sacré que je contracte, je fais, pour toute ma vie, je fais à Jésus et à Marie *le vœu perpétuel de Virginité*......

« En outre, voulant autant que possible, dans ma position actuelle, imiter la sainte obéissance et la sainte pauvreté de Jésus et de Marie, je fais vœu d'obéissance et de pauvreté, selon l'intention qui m'a été déterminée et pour tout le temps qui m'a été prescrit par qui de droit....

« Douce Vierge Marie, voilà l'offrande la plus précieuse que puisse vous présenter votre fille, au beau jour de votre fête. Daignez l'accueillir favorablement, me bénir d'une bénédiction toute spéciale, et m'accorder tous les secours nécessaires pour observer fidèlement, jusqu'à la mort, les promesses d'amour que j'ai jurées aujourd'hui avec tant de bonheur.

« Dans la sainte chapelle de Notre-Dame de Verdelais, le 15 Août 1847, fête de l'Assomption.

« MARIE,

du Très-Saint Sacrement. »

« Douce Vierge Marie, Mère toute aimable, je suis maintenant *toute entière et pour toujours à vous !* Plus que jamais le salut de mon âme est devenu votre affaire ! par votre Immaculée Conception, et votre puissante intercession, et votre charité sans bornes, sauvez mon âme. »

Ce fut le dernier trait de ressemblance

que le Seigneur voulut lui donner avec sa sainte et divine Mère, la Vierge sans tache; la victime se trouvait purifiée et ornée pour le sacrifice.

Bientôt Lucie n'eut plus la force de se traîner à l'église, et alors commença à se développer pour elle cette longue série de misères, de douleurs, de peines et de servitudes dont sont entourées les maladies de poitrine à leur dernier période. Mais son âme fut toujours au-dessus de cette atmosphère accablante.

Invariablement attachée à la volonté de Dieu, elle ne se plaignait pas de ne pouvoir aller dans le Sanctuaire béni qui possédait ses affections, quoique la maison qu'elle habitait, touchât la sainte chapelle. Elle savait que rien n'est plus agréable au Seigneur que l'abandon simple et entier à son bon plaisir. Mais par le cœur, elle s'y transportait sans cesse pendant le jour, disait-elle, et priait son bon ange de vouloir bien y aller à sa place, pour rendre ses hommages à Jésus et à Marie.

Souvent on lui procurait le bonheur de recevoir son bien-aimé par la sainte Communion, et alors ce n'était que transports enflammés et protestations de n'être qu'à lui seul, soupirs brûlants vers le ciel !

« Oh ! dit-elle un jour, quel sacrifice j'aurais à faire si on venait m'apprendre que je relèverai de cette maladie ! »

Jamais sa confiance ne put être ébranlée, et elle n'éprouvait même pas les plus légères agitations de la crainte.

« Jésus est mon père et il est mort pour moi, disait-elle ; Marie est ma mère, et elle m'a toujours comblée de faveurs : comment pourrais-je craindre ? »

Elle supplia son confesseur de ne pas lui ordonner de demander sa guérison à la Sainte-Vierge, résolue cependant à obéir, s'il commandait.

Elle était heureuse d'apercevoir de sa chambre le cimetière. Elle disait : « J'y fixe sans frayeur la place que j'occuperai bientôt. Cela m'aide beaucoup à me préparer mieux à la mort. »

Et ses parents ayant jugé à propos de la placer dans un autre appartement, elle éprouva quelque peine de perdre de vue le lieu de son repos; mais elle se soumit.

Pendant cette dernière maladie, Lucie eut occasion de faire connaître les soins délicats, extrêmes avec lesquels elle conservait dans son cœur la blancheur du beau lys que le divin époux y avait planté. Sa pudeur virginale redoutait le regard même d'un père âgé et respectable, et le tombeau, qu'elle envisageait avec tant de joie, ne lui faisait peur que parce qu'elle craignait qu'avant de l'ensevelir, une amie, une parente, sa mère peut-être *ne voulût changer le linge qui couvrait son corps!* et elle manifesta à cet égard ses appréhensions. On ne sera pas étonné de tant de modestie dans une âme si unie à Dieu, ni de la grande union à Dieu d'une âme si modeste et si pure ; et l'on sait que Dieu a fait quelquefois de grands miracles pour favoriser cette belle, cette sainte, cette admirable inclination dans ses serviteurs. Saint Philippe de Néry, après sa mort, se ranima et reprit le mouvement plusieurs fois pour se défendre d'une main étrangère et du regard de ceux qui préparaient sa sépulture.

Du lit où la retenait sa maladie, Lucie prêchait aussi par ses exemples toutes les autres vertus qu'elle avait pratiquées avec tant de générosité. Plusieurs personnes que la piété conduisait à Verdelais, aimaient à lui rendre visite, afin de se ranimer dans la ferveur, et de s'édifier de ce qu'elles voyaient et entendaient. Elle était un objet de vénération profonde autant que de touchante affection, et sa sainteté a laissé dans les cœurs, de vives traces que le temps n'effacera pas.

Son confesseur étant venu la voir après la solennité de la Toussaint : « Ah ! mon Père, lui dit-elle, cette fois vous m'avez bien trompée, vous m'aviez dit que, probablement, j'irais célébrer au ciel la grande fête de tous les Saints, et voilà que cette solennité est passée, et moi je suis encore de ce monde !! »

Un des prêtres de Verdelais, partant pour aller faire une mission qui devait durer plusieurs semaines, lui recommanda de ne pas l'oublier devant Dieu quand elle serait arrivée à la patrie, et il lui ajouta qu'il ne la reverrait plus. « Vous me reverrez, lui repliqua-t-elle sur-le-champ ». Huit jours après, une circonstance imprévue obligea le missionnaire à faire une apparition à Verdelais ; elle n'avait plus que quelques heures à vivre. « Je vous avais bien assuré, lui dit-elle avec douceur, que nous nous reverrions encore dans ce monde ».

Bientôt elle baissa, baissa sensiblement, et il fut facile de prévoir que la journée ne se passerait pas, sans que son âme se fut envolée où l'emportaient depuis plusieurs mois tous ses désirs. C'était le 8 Novembre 1847, octave de la fête de tous les Saints.

« Je suis bien contente, dit-elle, de m'en aller aujourd'hui, et je meurs toute pleine de confiance en la Sainte Vierge et sans la moindre inquiétude ».

Trois heures avant son dernier soupir, elle disait d'un ton pénétré : Ah! que Dieu est bon pour moi !....

Elle expira pendant qu'à genoux, autour de son lit, on récitait ces mots de la Salutation Angélique : Sainte Marie, Mère de Dieu, priez pour nous, pauvres pécheurs, maintenant et à l'heure de notre mort. Ainsi soit-il.

Elle était âgée de vingt-trois ans, six mois, vingt-quatre jours.

Lucie avait une figure douce et assez agréable, une taille un peu au-dessous de la moyenne, beaucoup d'intelligence, et une facilité bien supérieure à l'instruction qu'elle avait reçue : on est étonné en lisant les écrits qui sont sortis de sa plume. Son mérite fut de mépriser les choses périssables et passagères, et de ne se servir des facultés de l'esprit que pour s'attacher *à Dieu seul.*

CONCLUSION.

« Qu'y a-t-il de plus libre, dit l'Imitation, que celui qui ne désire rien sur la terre? Il faut donc s'élever au-dessus de tout ce qui est créé, se quitter parfaitement soi-même, et dans cet état d'élévation, comprendre que vous, ô mon Dieu, qui êtes le créateur de toutes choses, n'êtes en rien semblable aux créatures.

« Si l'on n'est parfaitement dégagé de toutes les choses créées, on ne pourra s'appliquer librement aux choses divines. C'est pour cela qu'il s'en trouve peu qui soient absorbés en Dieu, parce qu'il y en a peu qui sachent se détacher entièrement des créatures et des choses périssables. Pour en venir là, il faut une grande grâce qui élève l'âme et qui la transporte au-dessus d'elle-même ; et si un homme n'est élevé en esprit, s'il n'est dégagé de toutes les créatures, et tout à Dieu, tout ce qu'il a et tout ce qu'il fait, est peu considérable. Celui-là sera longtemps petit et il rampera sur la terre, qui estime comme grand quelque chose hors le seul et unique bien, le bien immense et éternel ; car tout ce qui n'est pas Dieu n'est rien, et ne doit être compté pour rien. Je ne sais ce que c'est, quel esprit nous conduit, et ce que nous prétendons, nous qui passons pour pieux, de prendre tant de peines et de soins pour des choses viles et passagères, et de penser si peu à régler notre intérieur et à tenir nos sens dans un parfait recueillement. Le grand obstacle à notre union avec Dieu, c'est que nous nous arrêtons à l'écorce de la piété, à des choses sensibles, et que nous ne nous adonnons pas à une parfaite mortification ».

(*Imitation*, Liv. III, chap. XXXI).

PAULINE N...

PAULINE N..

Qu'il nous soit permis de rattacher au récit que nous venons de faire, l'histoire de la fin édifiante de Pauline N..., jeune personne de Verdelais, qui suivit de près Lucie au tombeau. Une circonstance que nous mentionnerons, justifie d'ailleurs ce rapprochement.

Pauline s'était fait remarquer pendant son enfance, dans l'école paroissiale que dirigent les Sœurs de la Présentation, par sa candeur, son amour des choses saintes, sa piété sincère. Elle avait une telle horreur de tout ce qui peut ternir la beauté de l'âme, que parlant un jour aux religieuses d'une toute petite enfant qui lui était chère, elle leur dit : « Si je savais que les quelques avantages extérieurs que Dieu paraît lui réserver dussent nuire à son salut et à sa sanctification, je demanderais sur-le-champ à Notre-Dame, de lui tout enlever. Puis, elle recommanda instamment aux pieuses institutrices d'inspirer à cette enfant une vive horreur pour le péché, quand Dieu la confierait à leurs soins charitables.

Pauline devait sceller ces touchantes paroles et ces beaux sentiments par un exemple plus admirable encore.

Il existe dans un grand nombre de localités des départements de la Gironde et de Lot-et-Garonne, un usage que la religion déplore avec des larmes amères, parce qu'il est une source d'indifférence religieuse et qu'il met en péril le salut d'un grand nombre de ses enfants. Nous voulons parler de ces salles de danse permanentes, où la jeunesse vient, les jours consacrés au Seigneur, puiser l'oubli de Dieu, perdre le goût de la piété, et trop souvent, hélas! les bonnes mœurs. Combien il est à regretter que l'acte le plus important, le plus grave, le plus solennel de la vie, le mariage, n'ait souvent point d'autres bases que la frivolité la plus déplorable? Et quels fruits peuvent produire des unions commencées sous de tels auspices? Il n'est pas même nécessaire d'être chrétien pour s'affliger d'un pareil état de choses.

Plusieurs des compagnes de Pauline, moins courageuses qu'elle, cédèrent à l'entraînement général; et, comme elles l'aimaient beaucoup, elles voulaient à tout prix l'attirer au milieu de ces réunions mondaines et dangereuses. Sa conduite pleine de réserve était d'ailleurs un remords vivant pour leur légèreté et leur rappelait les promesses qu'elles avaient faites à côté d'elle au jour de la Première Communion.

On dit que Pauline n'était pas dépourvue des agréments que le monde recherche le plus dans ces sortes d'assemblées, et sa vertu ajoutait un nouveau charme à sa personne; mais elle résistait avec constance à toutes les insidieuses sollicitations dont elle était l'objet, non moins qu'aux tentations plus séduisantes encore de la vanité.

Enfin, un jour, on résolut de vaincre ses répugnances. Ses compagnes arrivent, l'entourent, la comblent d'amitiés, la pressent de mille manières, finissent par l'arracher de vive force de la maison paternelle, et l'emportent pour ainsi dire, entre leurs bras, en se dirigeant vers la salle de danse. On l'avait déjà traînée quelques pas sur la place de Verdelais, lorsque tout-à-coup, Pauline se voit en face du couvent où elle a été élevée. A cet aspect, son énergie redouble, elle se roidit contre les efforts de ses compagnes et, il faut bien l'ajouter aussi, contre son propre cœur, et se dégageant des mains qui la pressent, elle se précipite vers le portail ; elle entre, et se jetant dans les bras des Religieuses : « Mes sœurs, dit-elle, je n'y tiens plus. Les violences sans cesse répétées, les poursuites incessantes de mes compagnes, que du reste j'aime beaucoup, me lassent et m'ennuient ; mon parti est arrêté ; je ne veux plus du monde ; je reste ici. Si je ne suis bonne à rien, employez-moi à la cuisine, au jardin, à quoi que soit, pourvu que vous me gardiez avec vous. D'ailleurs, je suis fille de Notre-Dame, je suis sa plus près voisine, (la maison de ses parents touche le chœur de l'église) j'ai le droit d'être admise sur-le-champ ». Les Religieuses la consolent, l'encouragent sans lui faire de réponse directe ; puis la voyant moins émue, elles l'engagent à prendre part à la récréation de la petite communauté. « Non, répondit Pauline, je ne jouerai pas. Puisque vous me refusez ce que je demande, je vais m'adresser à Notre-Dame ; elle sait que je suis née pour ainsi dire dans sa chapelle et que je lui appartiens ; Elle, du moins, ne m'imposera aucun délai ; elle m'épargnera l'embarras de parler à mes parents, je n'aurai pas même besoin de rien dire à mon Confesseur. Priez-la bien pour moi ». Ensuite, serrant affectueusement la main de la

Supérieure, sans s'expliquer davantage :
« Priez-la bien, répéta-t-elle encore ;
je vous le rendrai là haut ». Et elle
s'éloigne, la joie peinte sur le visage,
et court se prosterner aux pieds de la
Sainte-Vierge, à cet endroit béni et
mystérieux où ont été épanchées tant
de supplications. Demi-heure après, on
l'y retrouvait encore, pleurant à chaudes larmes et dans le plus profond recueillement. Un des jours qui suivirent
elle dit, en souriant aux Religieuses :
« La Sainte-Vierge, heureusement pour
moi, est meilleure que vous. Bientôt je
n'aurai plus à redouter les séductions
du monde ».

Lucie, dont nous avons raconté les
vertus, ayant rendu le dernier soupir,
Pauline voulut porter ses restes mortels
au lieu du repos. En revenant du cimetière, elle dit à une de ses parentes :
« Sous peu, j'irai moi-même rejoindre

notre amie ; » et comme on se riait de cette parole : « Oui, reprit-elle, mon tour viendra prochainement. » De son côté, Lucie, avant de mourir, lui avait promis d'appuyer sa requête auprès de leur Mère bien-aimée et de l'attirer bientôt après elle.

Quelques jours à peine s'étaient écoulés, que Pauline se mettait au lit. L'indisposition qu'elle avait paraissait fort légère, et quelques-uns même n'y croyaient pas. Le médecin était au nombre de ces derniers. « Cette jeune personne n'est point malade, disait-il aux parents ; obligez-la à se lever, à agir, à manger comme à l'ordinaire ». Et le ton avec lequel il parlait, ressemblait presque à un reproche. « Laissez-le dire, répondait Pauline d'une voix humble et douce ; je suis plus malade qu'il ne pense. Seulement priez, et faites beaucoup prier pour moi ».

Et le vingt Décembre mil huit cent quarante-sept, quarante-trois jours après la mort de Lucie, Pauline N..., munie de tous les sacrements de l'Église, s'endormait paisiblement du sommeil des Justes, à l'âge de 17 ans, entre les bras de Jésus et de Marie, et au milieu d'une famille éplorée qui ne peut aujourd'hui encore parler de ses angéliques vertus sans verser un torrent de larmes.

JEAN-MARIE-ANTHELME

BUYAT,

MORT LE 3 OCTOBRE 1848.

JEAN-MARIE-ANTHELME
BUYAT,

MORT LE 3 OCTOBRE 1848.

Dans les derniers mois de l'année 1847, un jeune religieux qui, depuis quelques jours, sentait une faiblesse qu'il ne pouvait surmonter malgré son courage, recevait de son Supérieur-Général, l'ordre de se rendre à Verdelais, afin d'y travailler à l'amélioration de sa santé ; et, dans une mesure possible, au salut des âmes. On espérait qu'un exercice modéré, joint à la bénignité du climat, contribuerait à rétablir ses forces.

Jean-Marie-Anthelme Buyat (c'était le nom du jeune prêtre) reçut cette nomination avec joie : il était heureux d'aller auprès d'un sanctuaire renommé de Marie ; il la reçut aussi avec résignation, car au même moment, il fut intérieurement persuadé que cette obédience était, dans les desseins de Dieu, le signal de l'éternel départ. Il ne revint jamais sur l'oblation qu'il fit alors de lui-même, quoique les maladies de langueur rendent ordinairement et presque nécessairement susceptible, égoïste et exigeant.

« Quand je fus arrêter ma place, dit-il, je pensai que c'était moins pour Verdelais que pour le cimetière. Néanmoins, je ne dus faire aucune observation ; j'avais dit avec simplicité ce que je pensais de mon état, j'avais fait connaître la subite extinction de voix qui me ferma la bouche un jour à l'instant où j'allais prêcher ; on m'avait commandé après avoir prié Dieu et avoir longtemps réfléchi ; je n'avais plus qu'à obéir ; je le fis résolûment.

« Mon Révérend Père, dit-il en partant, vous croyez que ce que vous demandez de moi me soulagera ? Je ferai tout ce qui me sera ordonné à Verdelais, sans dire un seul mot. — Oui, mon enfant ; allez, mon enfant. »

Le Supérieur-Général n'entendait pas l'obliger à une obéissance absolue et sans aucune réclamation, dans le cas où sa santé, loin de se rétablir, comme on l'espérait, viendrait à s'altérer de plus en plus. Dieu, qui avait ses vues, ne permit pas au Père Buyat d'interprêter cette parole dans son véritable sens. Saint et magnanime oubli de lui-même qui fut pour son âme une source abondante de grâces!

Il se mit à genoux, reçut avec foi la bénédiction de son Supérieur, s'offrit en holocauste et partit.

A cette époque, le voyage de Lyon à Bordeaux était long et pénible. Le Père Buyat supporta sans trop de fatigue les quatre nuits qu'on passait en voiture, et il sut charmer la route par une gaieté expansive, et par d'utiles entretiens qui ne furent pas sans avantage pour un des voyageurs.

Lorsqu'il mit le pied sur le sol béni du sanctuaire de Verdelais, il se sentit pénétré, ainsi qu'il est arrivé à bien d'autres, d'une indéfinissable émotion, et d'un sentiment de dévotion intime qui lui alla jusqu'au fond de l'âme.

« C'est ici, ô ma Mère bien-aimée,

dit-il, en se prosternant aux pieds de l'antique statue, que je dois très-probablement terminer ma vie; c'est une grande faveur pour moi de venir abriter sous votre protection maternelle le temps qui me reste encore à vivre; obtenez-moi de Dieu que je l'emploie pour sa gloire et pour la vôtre. » Puis, il lui demanda la grâce de faire sa volonté et de bien mourir.

Pendant plusieurs semaines, la divine Mère continua à verser sur lui ces trésors de consolations sensibles qui avaient comme surpris son cœur, à son entrée dans la sainte chapelle. Il écrivit à un ami, en parlant du miraculeux Sanctuaire : « Ah! c'est bien ce que j'ai vu de plus délicieux au monde! Tout ici porte à la piété, et on ne peut s'empêcher de croire, quand on est dans cette église bénie, que la très-sainte Vierge Marie y a fait élection de domicile. »

Voici comment il raconte, dans la même lettre, les premiers travaux auxquels il se livra : « Mon Supérieur m'avertit, peu de jours après mon arrivée, que je devais prochainement ouvrir une Retraite où j'aurais deux sermons à prêcher par jour; il va sans dire que je n'ai fait aucune objection. Ma confiance en Marie grandit sans cesse; elle m'a évidemment protégé dans cette Retraite! Le Curé, qui attendait le Père Supérieur, a été tout déconcerté en voyant venir à la place d'un homme sur lequel il comptait autant que sur le bon Dieu, un pauvre prêtre d'assez mauvaise mine; il a commencé par me dire combien il doutait du succès de l'entreprise, et mille choses plus désolantes les unes que les autres. Je ne lui ai répondu qu'un mot : Mon cher Monsieur, je ne partage nullement vos appréhensions; je suis venu ici, non pour faire des merveilles, mais pour obéir : n'y aurait-il qu'une bonne femme à l'église, je prêcherais tout de même ; la réussite regarde le bon Dieu ; et le travail, moi ; vous avez tort de vous inquiéter. Surpris de me voir si rassuré, le cœur lui revint peu à peu, et le succès le plus inattendu a été donné à ma confiance en Marie ; avec ma mauvaise santé, j'ai prêché deux fois par jour à un auditoire nombreux, me faisant très-bien entendre, et j'ai confessé jusqu'à seize heures en un jour. Aussi, le Curé qui me recevait, neuf jours auparavant, avec tant d'appréhension, a fait 32 kilomètres pour m'accompagner jusqu'à Bordeaux ; et pour me témoigner sa reconnaissance, il serait venu jusqu'ici si je ne l'en avais empêché. Confiance en Marie, confiance aveugle ; puis, elle fera le reste. »

L'excitation qui résultait d'un travail

qui exigeait pour lui de grands efforts, lui semblait de la force; il crut qu'il lui serait possible de continuer à prêcher, et que sa santé gagnerait à l'exercice de la parole. Le jour de Noël, il alla prêcher à Saint-Macaire : l'église est grande, l'auditoire était nombreux ; il fallut, pour se faire entendre, prendre sur un ton élevé. Le larynx déjà malade ne put suffire aux efforts qu'il fallait faire; la voix du prédicateur s'altéra, s'affaiblit, et ne fut plus entendue que d'une partie de l'auditoire. Il était temps de s'arrêter, d'avertir son Supérieur, et de prendre les précautions qu'exige cette redoutable maladie. Il ne tint aucun compte de son état, quoiqu'il sentît une forte inflammation à la gorge et une difficulté déjà grande de parler; et il passa outre.

Nous le laissons lui-même raconter la manière dont il perdit entièrement la voix : « Pour me tirer du coin du feu, on m'envoya prêcher une retraite dans une Providence de garçons à Bordeaux. J'eus bien de la peine à me tirer d'affaire à cause du froid ; le port était encombré de glaçons. Le Dimanche suivant, après la clôture, au lieu de me reposer, je me laissai emporter à la vue du bien, et je prêchai plusieurs fois dans une chapelle de religieuses, soit au public, soit à la communauté. Tout-à-coup, en voulant dire la sainte Messe, je ne trouvai plus ma voix ; j'officiai donc à voix basse. Dans une complète aphonie, je rentrai à Verdelais le 16 janvier, pour n'en plus sortir. »

Les douleurs de poitrine qu'il ressentit aussitôt, les souffrances du larynx, la diminution des forces lui firent comprendre qu'il ne s'était point trompé, lorsqu'en quittant Lyon il avait prévu sa mort prochaine. Il ne se méprit pas sur la gravité de son état, il s'y résigna tout de suite avec joie, en renouvelant son sacrifice. Ne songeant plus qu'à se munir des forces nécessaires pour parcourir la carrière douloureuse dans laquelle il entrait, il ne voulut plus lire de journal, ni rien entendre des affaires du monde et de la politique. Une seule pensée occupa dès-lors son esprit, la pensée de l'éternité et du temps qui l'en séparait. Les évènements survenus en Février 1848 lui parvinrent à peine, et ne troublèrent point sa retraite. Précisément au moment où la nouvelle de la révolution se répandait dans les provinces et y jetait l'épouvante, il écrivait ces lignes : « Vive Marie! vive toujours Marie! Oh! que je voudrais avoir mille cœurs pour vous aimer, ma bien-aimée Mère! faites-moi vite mourir, afin que je vous aime autant que je voudrais; faites-moi guérir, afin que je vous fasse aimer par beaucoup d'autres, ou bien, faites-moi souffrir, afin que je vous montre combien je vous aime. Vive Marie! »

Persuadé que la volonté de Dieu était qu'il portât une croix lourde et meurtrissante, le P. Buyat résolut, pour employer le temps qu'il ne consacrait pas à la méditation et à la prière, d'exposer les consolations que le Catholicisme offre à ceux qui souffrent. Il voulut envisager la douleur sous toutes ses faces et dire après : Il est doux, il est bon, il est utile, il est glorieux de souffrir !

Afin de mieux apprécier l'avantage qu'il y a d'être chrétien dans les épreuves de ce monde, il lut avec attention ce que les Anciens, Cicéron et Sénèque, en particulier, ont écrit sur la douleur et sur la mort. Sénèque fut de sa part l'objet d'une étude spéciale. Cet auteur païen est, en effet, celui qui a tenu sur le support de la douleur le plus beau, le plus énergique langage. Le P. Buyat admirait la hauteur et la force de ses pensées, la magnificence de ses paroles; mais il fut encore plus frappé de ce qu'a de froid la doctrine de ces philosophes. « Je n'ai pas trouvé, disait-il, un mot, un seul mot qui console. » « O mon Sauveur, s'écriait-il alors, en regardant le crucifix qui reposait sur sa poitrine, vous n'auriez fait que nous apprendre à souffrir et à comprendre quel est le mérite de la souffrance, que vous auriez rendu à la pauvre humanité un service inappréciable. Votre croix est plus éloquente que tous les philosophes de l'Antiquité, plus instructive que tous leurs discours. Quoi! ils sont si savants, et ils échouent devant le premier mot de ce monde, *la douleur!* Et cependant le plus grand besoin du cœur de l'homme est d'en connaître le sens. Un seul regard sur votre croix, ô mon Jésus, me l'explique, m'en révèle le prix et m'encourage. »

Il composa sur cet important sujet un petit traité dans lequel il met en scène un jeune philosophe du siècle de Sénèque, atteint d'une maladie mortelle. Ce jeune homme, témoin des supplices que Néron infligeait aux chrétiens et de leur patience invincible au milieu des tortures, pensa qu'ils avaient sur la souffrance des données qui manquaient à la philosophie, et il prit la résolution de s'aboucher avec eux. Il rencontre saint Lin, lui expose le vide affreux qu'il a trouvé dans la doctrine des Stoïciens, lui avoue qu'il a parcouru sans cesse toutes les écoles pour se faire expliquer la cause des souffrances et leur valeur morale, si elles en ont une, et qu'il n'a reçu pour dernière réponse, que cet adage de Sénèque : *Neminem illæsum fata transmittunt,* tous ressentent les coups du destin. Alors saint Lin expose à Marcellus (c'est le nom du jeune philosophe), la doctrine catholique sur l'homme, lui explique la cause de la douleur par le péché originel, lui montre la bonté ineffable de la divine Providence au milieu même des maux auxquels elle nous condamne, et il ajoute que la souffrance n'obtient pas seulement notre pardon auprès du Seigneur, mais qu'elle nous donne l'inestimable avantage de mériter une gloire éternelle. Puis il lui fait connaître Jésus-Christ, qu'annonçait la tradition universelle des peuples comme un céleste réparateur ; et, après lui avoir prouvé sa divinité, il le conduit au Calvaire, lui montre le Sauveur nous rachetant par son sacrifice, nous donnant dans son sang le touchant témoignage d'un amour infini, nous animant par ses adorables exemples, et élevant nos souffrances au mérite même des siennes. Au seul souvenir de ces mystères de charité, saint Lin semble, en quelque sorte, sortir de lui-même, et surtout lorsqu'il parle de la jouissance de Dieu et du bonheur au-dessus de toute félicité auquel nous donne droit la douleur supportée en union avec Jésus-Christ et pour son amour. Enfin, il verse tant de consolation par tous ces enseignements dans l'âme de Marcellus, que peu après, celui-ci s'écrie : « La joie que j'éprouve au milieu des tortures que j'endure me semblerait une fable, si je n'en étais à la fois le sujet et le témoin. Oui, si Dieu me destine à vivre longtemps encore du pain de la souffrance et des larmes, grâce à lui, je m'y soumettrai avec un cœur résigné et reconnaissant. »

On le comprend, le jeune philosophe atteint d'une maladie mortelle est dans la même position que le P. Buyat; les questions qu'il énonce sur la douleur, sont celles que le prêtre malade se fait à lui-même; les réponses que donne saint Lin sont celles de la foi. En réalité, c'est un dialogue entre le P. Buyat et la doctrine de l'Eglise, entre la nature humaine accablée et la religion de Jésus-Christ.

Les limites que nous nous sommes imposées ne nous permettent pas de donner des extraits de ce traité que des hommes compétents ont trouvé remarquable, et dans lequel, à une certaine élévation de pensée, s'unit ce que la piété a de plus tendre, la résignation de plus touchant:

C'est par de semblables travaux faits avec peine au milieu de grandes douleurs que le P. Buyat cherchait à profiter des courts instants que lui laissait la maladie. « Ce manuscrit, écrivait-il, se ressentira bien, je n'en doute pas, de la phthisie laryngée qui me dévore la gorge ; tout y sera souffreteux et languissant. Mais il aura atteint le but que je me suis proposé, qui est d'occuper mon esprit d'une manière utile à mon salut pendant quelques jours, et de donner une bonne pensée à ceux entre les mains desquels ces lignes tomberont.

Cependant, le mal faisait de rapides progrès ; mais à mesure que le corps s'affaiblissait, la charité semblait grandir en proportion dans le cœur du malade. Ce n'était pas seulement de la soumission aux ordres de Dieu, de la résignation chrétienne ; c'était de la joie, une joie portée jusqu'à l'enthousiasme.

« Vive la mort ! écrivait-il un jour. Oh ! non, je ne te crains pas. Je t'aime trop pour te craindre ! Je t'aime comme le sourire d'une mère ! Je t'aime comme la porte de la vie ! Je t'aime comme l'ange de la consolation ! Je t'aime comme une source d'eau vive dans une soif dévorante ! Je t'aime comme le repos du soir après une journée de fatigue ! Je t'aime comme le port après une navigation longue et périlleuse ! Je t'aime comme le réveil après un rêve affreux ! Je t'aime comme la patrie après l'exil ! Hâte-toi donc, ô ma consolation et ma vie ! hâte-toi donc de me recevoir dans tes bras ! oh ! non, ils ne sont pas glacés ! Tu n'es pas le tombeau, tu n'es pas le cadavre en dissolution ; tu es simplement la cessation de la longue série des douleurs de ce monde ; tu es simplement la planche qui joint le temps à l'éternité. Viens donc me faire goûter ce moment tant désiré qui montrera pour la première fois le ciel à mes yeux. Viens donc ôter le voile qui couvre mes regards, afin que je voie mon Seigneur et mon Dieu ! Viens me jeter aux pieds de l'auguste Marie ! Viens me montrer saint Joseph à qui je te demande aujourd'hui ! Viens me faire embrasser ma mère, mes sœurs et mes frères ! Viens me découvrir tous les mystères et me plonger dans l'océan de l'amour de Dieu ! O mort, ma bien-aimée ! rien au monde ne me sourit plus agréablement que toi ! Viens, hâte-toi de venir, et je te dirai alors combien je t'aime ! Vive la mort ! »

Le carême suggéra au pieux malade la pensée de méditer sur les souffrances de Jésus-Christ, afin de se fortifier de plus en plus au milieu de ses poignantes infirmités, et il composa un traité sur la passion du Sauveur. Il le suit pas à pas dans la douloureuse carrière, il le contemple à chaque instant, et à chaque instant, s'échappent de son cœur des traits brûlants d'amour et de compassion.

Il finit ce traité adressé à sa sœur, religieuse du Saint Nom de Marie, par ces paroles : « Adieu, ma chère et bonne sœur. Prie pour moi. Si nous nous précédons de quelques jours les uns les autres dans notre bienheureuse patrie, bientôt nous y serons tous réunis ; et quand on y est, c'est pour toujours ! Qu'importent alors les larmes de la vie ? ce sont des perles qui brillent pendant l'éternité. Vive le Ciel !

Ainsi soutenu au milieu des souffrances par une grâce abondante, il s'occupait sans cesse des vérités de la foi et de la mort vers laquelle il marchait. Ne pouvant pas suivre le règlement habituel des religieux de la Société, il avait fait un règlement en rapport avec son état qui s'aggravait chaque jour,

Ce n'était pas les douleurs violentes qu'il ressentait de plus en plus qui le faisaient soupirer après la fin de sa carrière, c'était le désir extrême qu'il avait de sortir de ce monde pour entrer au ciel. Étranger à la terre par ses pensées et ses affections, il s'élançait vers le séjour des bienheureux, brûlant de rompre au plus tôt la faible chaîne matérielle qui le retenait encore. Semblable à un oiseau qui agite ses ailes pour recouvrer la liberté et planer dans l'immensité de l'espace, à mesure que la maladie faisait des progrès et détruisait les organes qu'elle avait atteints, son désir de la mort augmentait et s'échappait de son cœur en traits de flammes. Les paroles qu'il prononçait alors n'étaient plus un langage ordinaire; elles respiraient la poésie et l'enthousiasme. On peut en juger par les pages que l'on va lire :

« O mon âme ! ne crains rien ; quoiqu'en disent les hommes ; la volonté de Dieu s'accomplira sur toi et tu seras bienheureuse.

« On veut à tout prix prolonger la chaîne déjà si longue de tes misères ; mais qu'importent tous ces efforts ? c'est Dieu, c'est notre Père qui est au ciel, qui règle toutes choses, et pour le temps et pour l'éternité.

« Si l'un me dit : Vous guérirez ; si l'autre me fait un crime de penser que j'ai une maladie mortelle, pourquoi, ô mon âme ! nous laisser agiter par ces paroles qui vont et qui viennent ?

« L'heure est de toute éternité fixée, le nombre des pulsations de mon cœur est déterminé ; cet immuable arrêt s'accomplira.

« J'ai la conviction que je verrai mon Dieu avant le retour des frimats ; Dieu me l'a donnée.

« Ah ! bientôt, oui bientôt je vous verrai, Dieu de mon amour, je vous verrai, je vous verrai. Il me semble déjà être au moment où je m'anéantirai en votre divine présence. Il me semble déjà, comme saint Thomas, mettre la main sur le cœur de mon Jésus, en m'écriant, ivre d'amour et de reconnaissance : Mon Seigneur et mon Dieu !

« O Esprit-Saint, ô amour éternellement vivant du Père pour le Fils et du Fils pour le Père ! lien sacré qui unissez toutes choses, unissez-moi bientôt aux anges et aux saints. O Dieu d'amour ! purifiez-moi des taches que ma vie a si profondément imprimées en mon âme, ayez pitié d'elle, vous qui renouvelez toutes choses.

« Mes iniquités sont vastes comme une mer sans rivage, hautes comme les montagnes qui s'élèvent aux cieux.

« Voilerai-je ma face comme ce malfaiteur découvert dans le crime? Mon âme, fuirons-nous devant un œil qui peut pénétrer nos fautes, et désespérerons-nous de notre réconciliation parfaite?

« C'est le conseil de l'orgueil ; c'est ainsi qu'il a perdu Caïn.

« Loin de fuir et de me cacher, j'irai au-devant de vous, mon bien-aimé Père, j'aurai honte de ma nudité, je gémirai de ma folie ; mais ce qui dominera tout, ce sera la vaste confiance que votre miséricorde m'inspire.

« Je sais bien que vous êtes mon juge, que le ciel et l'enfer sont là devant vous et moi ; que le sort qui va me fixer irrévocablement dans l'un ou dans l'autre, dépend de vous, de votre sentence ; que la grande, la terrible éternité n'attend que la parole de vos lèvres pour m'engloutir. Je sais, ô affreuse science! je sais que j'ai tout fait pour l'enfer et à peu près rien pour le ciel.

« Mais, ô mon Dieu ! lors même que, dès le premier moment de mon existence, j'aurais vécu avec la sainteté non démentie de Jean-Baptiste, la foi que vous m'avez donnée m'apprend que je ne pourrais nullement compter sur ma justice pour mon éternel salut.

« Même alors, ô mon Dieu ! je n'aurais d'autre motif de confiance que votre bonté infinie, et cette bonté, ô mon Dieu ! quoique je sois un grand pécheur, elle est aussi bien pour moi que pour les saints.

« Quelles que soient mes iniquités, elle me reste toujours toute entière jusqu'à l'éternité.

« O mon âme ! jetons-nous entre les bras de cette bonté comme un enfant effrayé entre les bras de sa mère, et laissons-lui le soin de faire tout ce qu'elle voudra. Que veut-elle, sinon mon bonheur ?

« Pourrais-je en douter, quand je la vois pour moi créer le ciel et la terre, quand je vois qu'elle dispose tout dans le monde pour mon salut ? Ah ! Jésus mon amour, votre nom dit infiniment plus que la créature ne peut dire ! Votre nom est l'amour de Dieu incarné pour les pécheurs. Votre vie, votre passion, votre mort, votre Eucharistie, votre Église, vos sacrements, tout cela me donne la contrition de mes fautes, les efface et me rassure pleinement sur leurs suites éternelles.

« Que craindrions-nous désormais, ô âme complice de mes désordres ? que craindrions-nous ? Notre malice est grande : mais la miséricorde de notre Père est infinie ; devant elle notre malice n'est pas plus que notre puissance devant sa toute-puissance.

« Heureux celui dont les iniquités sont pardonnées, et dont les péchés sont anéantis! Le pardon! il centuple le bonheur de l'innocence, il excite l'amour, et l'amour, c'est le bonheur!

« Je vous rends grâce, ô mon Dieu, de ne m'avoir laissé tomber dans l'abîme du péché, que pour m'en tirer plus humble et plus reconnaissant. »

Puis s'adressant à Marie, la consolatrice des affligés, la protectrice de la Société à laquelle il avait le bonheur d'appartenir :

« C'est donc bien vrai, s'écrie-t-il, ô Marie, ô ma Mère! c'est donc bien vrai que d'ici à quelques jours j'aurai le bonheur de vous voir.

« Ne serait-ce que dans un siècle, je devrais déjà en être ravi; mais non, ce n'est pas un siècle, ce n'est pas même un an qui me sépare de vous... Si j'avais dit vrai en disant trois mois... trois mois à peine, dont le sommeil absorbe une partie.

« Soleil, hâte-toi de paraître à l'horizon. Est-ce si loin de l'aurore au crépuscule ? Reparais, disparais, hâte-toi.

Oh! si, en te levant pour la quatre-vingt-douzième fois, tu me disais : Demain, tes yeux ne me verront plus.

« Oui, mais je verrai la Reine du ciel, celle dont tu n'es que le vêtement, celle qui a la lune sous ses pieds et dont les plus belles étoiles forment l'étincelante couronne.

« Oh! que je me passerai bien du spectacle du monde, quand il me sera donné de vous contempler, ô ma Mère!

« Alors je laisserai à chacun, sans envie, le bonheur dont il est jaloux. Je baiserai ses mains, je baiserai ses pieds, je me prosternerai devant elle. Oh! c'est donc bien vrai que maintenant c'est pour toujours !

« O Marie ! puisque je suis arrivé à ce point où l'on ne sait que penser de mon avenir, puisque, à travers tant de souffrances, vous m'avez inviolablement maintenu dans la résignation et l'obéissance aux ordres du Seigneur, puisque vous avez fait luire à mon esprit un rayon si vif d'espérance, puisque j'ai cru voir un instant les portes du ciel s'entr'ouvrir devant mes désirs empressés, Marie, ne retournez pas en arrière.

« Ne m'auriez-vous ainsi attiré vers vous que pour irriter mon appétit, ma soif de vous aimer et de vous voir, qui ne devrait être satisfaite qu'après de longues et douloureuses années.

« Non, une mère ne montre pas son sein à un enfant affamé, pour le lui ravir au moment où il en approche ses lèvres altérées.

« Marie, vous ne pouvez pas me tromper !...

« Hâtez-vous de me donner l'assurance que bientôt je serai à la fin de mon exil.

« Pourquoi me feriez-vous plus longtemps attendre et gémir ?

« J'ai déjà attendu, j'ai déjà gémi, j'ai déjà pleuré.

« J'ai déjà ressenti un dégoût bien profond pour tout ce qui retient tant d'hommes dans le monde.

« Si d'ailleurs je n'ai pas encore assez répandu de larmes, vous, ma Mère bien-aimée, vous en avez répandu pour moi. Vous savez si c'est sur vous ou sur moi que je fonde ma confiance.

« Qu'importent mes mérites ? qu'importent mes fautes ?

« Si je suis impur, vous êtes immaculée ; si je suis glacé, vous êtes brûlante du céleste amour, si je suis coupable, vous êtes innocente ; si j'ai des péchés à expier, vous avez pour moi une longue et sainte pénitence dont vous n'avez nul besoin ; si je suis petit, vous êtes grande ; si je suis un esclave, vous êtes une toute-puissante Reine ; si je n'ai rien, le ciel et la terre sont entre vos mains ; si je suis un misérable enfant, vous êtes la plus aimante et la plus douce des mères.

« Que me manque-t-il donc dont vous n'ayez la plénitude ?

« O mon âme ! tu t'effrayais dans la pensée qu'il ne faut pas paraître devant Dieu les mains vides, et tes appréhensions étaient justes ; mais au pied du trône de Dieu est celui de Marie. Ne craignons rien : nos mains se rempliront devant ce trône de miséricorde, et nos dons, provenant d'elle, seront plus agréables à Dieu, que s'ils venaient de nous.

« Je ne vous demande qu'une chose, ô Marie ! c'est de vous voir, c'est de contempler ces yeux qui abaissèrent tant de fois sur moi un regard de compassion et de miséricorde ; c'est de baiser ces mains qui me comblèrent de tant de bienfaits.

« Eh ! mon désir n'est-il pas bien raisonnable ? un enfant peut-il ne pas désirer voir sa mère ? un exilé peut-il ne pas jeter un regard d'envie sur sa lointaine et délicieuse patrie ?

« J'aimais bien tendrement celle qui me donna le jour ; je l'ai pleurée dès l'instant fatal où elle me fut enlevée, alors que mes jeunes ans avaient si besoin d'elle ; sans doute, je veux la voir elle aussi.

« Mais, ô Marie ! vous savez que vous m'êtes incomparablement plus chère, et que mon cœur tient infiniment plus à vous, ma céleste Mère !

« Ou montrez-vous à mes yeux, ou modérez le désir que vous m'inspirez de vous voir. Non, non, redoublez, centuplez ce désir ; qu'il devienne si violent, que j'en meure ! Marie, ma mère, ayez pitié de votre pauvre enfant ! j'écris sous la dictée de la douleur. Je ne sais si ce que je pense est bien ou mal. Il n'est qu'une chose que je vois bien clairement avec une parfaite certitude, c'est, avec tout ce que m'enseigne la foi, l'immensité de votre bonté pour nous et pour moi qui suis le plus pauvre de tous.

« Ne me confondez pas dans mon attente, aidez-moi et je serai sauvé. Je ne veux pas courir les chances d'une plus longue vie ; vingt ans d'expérience m'ont appris que j'en abuse toujours.

« Je suis toutefois soumis et je veux ce que veut mon bien-aimé Père ; je vivrai encore un siècle, si sa divine volonté l'exige ; mais alors, je laisserai peser toute la responsabilité sur vous.

« Je mets ma confiance,
Vierge, en votre secours;
Servez-moi de défense,
Prenez soin de mes jours.
Et quand ma dernière heure
Viendra fixer mon sort,
Obtenez que je meure
De la plus sainte mort !
Oh ! soyez-moi propice
Quand il faudra mourir ;
Apaisez sa justice ;
Je crains de la subir ».

Un jour, comme toutes les raisons qu'on lui avait proposées pour l'engager à demander à Dieu sa guérison se présentaient à son esprit, son âme à cette pensée n'est plus maîtresse d'elle-même ; il prend la plume et il écrit emporté par un mouvement subit :

« Ah ! laissez-moi mourir ! mon âme est altérée
Du bonheur dont les Saints s'abreuvent dans les cieux;
Laissez-moi m'envoler par delà l'empyrée :
Il me tarde d'entrer au séjour des heureux !

« Vers ton trône d'abord un vif amour m'entraîne,
O ma Mère, ô Marie ! accueille ton enfant.

Je me jette à tes pieds, ô mon auguste Reine !
Ah ! ne rejette point un fils reconnaissant !

« Oui, depuis de longs jours, j'ai placé dans mon âme
L'inébranlable espoir d'être de tes élus ;
Je crains peu de l'enfer l'inextinguible flamme.
Mon cœur t'aime, ô Marie ! et mon cœur ne craint plus.

« Hâte-toi de briser la chaîne qui me lie ;
Donne-moi de tes Saints la douce liberté ;
Ah ! laisse-moi toucher le sol de la patrie
Où l'on règne avec toi toute une éternité.

« Il faut que je te voie, ô mon auguste Mère !
Il faut que je contemple à loisir tes attraits,
Ce front tout rayonnant de divine lumière,
Ces mains prêtes toujours à semer des bienfaits.

« C'est là le vrai bonheur que ton enfant désire,
C'est là tout ce qu'il veut, c'est là tout son amour ;
Cet espoir le soutient ; son âme ne respire
Que pour te voir, t'aimer... oui, t'aimer sans retour ! »

Ces vers tracés d'une main défaillante sur le bord d'un tombeau, sont moins riches de poésie que de sentiments, plus remarquables par la pensée que par la forme ; mais ils expriment le sentiment dominant du malade : c'est en quelque sorte son testament. Car, à part une lettre que nous citerons plus tard, c'est la dernière pièce qu'il put écrire de sa propre main.

La sainte Eucharistie est le pain des forts, le soutien des affligés, la plus puissante affection des justes, le centre des cœurs pieux, le soleil du sacerdoce catholique et de toute l'Eglise. Le Père Buyat continua à dire la Messe tant qu'il eut assez de forces pour aller à sa chapelle et se tenir debout. Il se traînait, appuyé sur un bâton, de sa chambre à la sacristie, et demeurait un temps considérable à parcourir un espace peu étendu ; c'était pour lui un pénible voyage : mais il avait, en le faisant, le bonheur d'immoler la victime sainte, et d'offrir à Dieu le seul hommage qui soit digne de lui; cela lui suffisait. Comme son gosier était très-irrité et ne pouvait plus supporter le vin dont on se servait, il supplia le Père supérieur de lui procurer un vin plus doux, afin de pouvoir plus longtemps célébrer la sainte Messe. Sa demande lui fut accordée, et, quoique le vin qu'on s'était empressé de lui fournir ne laissât pas de le faire souffrir beaucoup, il continua à offrir le saint Sacrifice jusqu'au moment où il lui fut physiquement impossible de sortir de sa cellule. On voit, par une note écrite sur la marge de son *Ordo*, qu'il avait cessé de dire le saint Office deux jours avant de cesser de dire la Messe. Cette note fait comprendre jusqu'à quel point ses forces étaient épuisées, lorsqu'il montait encore à l'autel. Une seconde note placée à côté du 20 juillet est ainsi conçue : Là, j'ai dit ma dernière Messe; et plus bas : J'ai dit en tout 742 Messes, sans compter celle de l'ordination ! Le point d'admiration qui termine la phrase, ne semble pas avoir d'autre sens que d'indiquer la grande miséricorde de Dieu qui lui avait accordé 742 fois un si grand bonheur, et en même temps sa profonde indignité et le compte redoutable qu'un tel bonheur lui imposait.

Après avoir expliqué à un des Pères, avec lequel il avait fait son noviciat, le progrès de sa maladie et l'état où elle l'avait mis, il ajoute : « Maintenant, mon cher ami, vous en savez aussi long que moi. Les hommes ne sont pour rien dans cette affaire : c'est la sainte Vierge qui a tout fait, je le sais à n'en pouvoir douter. C'est pour cela qu'à travers tant de souffrances, je n'ai pas un instant perdu, grâce à elle, la paix et la joie du cœur. Je l'ai dit souvent : Jamais je n'ai été si heureux. J'ai abandonné les sermons aussitôt que j'ai vu que le divin Maître ne m'en demandait plus. Adieu, mon cher ami, et peut-être adieu pour toujours jusqu'au ciel ! Je ne suis pas absolument à ma fin ; mais je n'ai plus de forces, il faut que je me couche aussitôt que j'ai dit la sainte Messe ; bref, je suis au lit plus de 20 heures sur 24 ; j'y étais quand j'ai reçu votre charmante lettre, et je me suis aussitôt levé pour y répondre ; j'y serais encore sans cela ; vous m'avez donné des forces : *Ubi amatur non laboratur, aut si laboratur labor amatur* [1] Priez bien le bon Dieu et la Sainte-Vierge pour moi ; ayez, s'il vous plaît, l'intention d'acquitter la sainte Messe pour moi, dès que Dieu m'aura débarrassé de ce monde ; cela ne sera peut-être que dans un temps un peu éloigné ou peut-être plus tôt, je n'en sais rien ; ces maladies sont si bizarres. Aimons-nous éternellement dans les cœurs de Jésus

---

[1] Il n'y a pas de travail où il y a de l'amour, ou si le travail existe, on l'aime. (Saint Augustin.)

et de Marie. Amen ! Votre ami et frère. »

Le Père Buyat s'encourageait à endurer avec joie ses maux par un motif de zèle. « Voulons nous faire du bien à nos frères, disait-il, prions pour eux. Si nous sommes souffrants, offrons à cet effet nos douleurs et nous travaillerons efficacement à leur salut. La prière et la souffrance sont deux belles fonctions de l'apostolat. L'action sans la prière est stérile, et la prière sans l'action, quand celle-ci est légitimement empêchée, ne perd rien de sa toute-puissante fécondité, surtout si elle part d'un cœur souffrant et résigné. »

« Qu'importe, disait-il encore, d'être martyr sur le chevalet ou martyr dans son lit ? Nos œuvres ne tirent leur mérite que de la charité. Celui qui souffre les douleurs de la maladie avec plus de charité que les chrétiens ne souffraient sous la main des bourreaux, celui-là plaît davantage au Seigneur ! Ah ! qu'elle est belle, qu'elle est agréable à Dieu, l'âme torturée par le mal, broyée par la souffrance, et soumise avec joie à la volonté divine. O Père infiniment bon, de quelle grande miséricorde vous usez à mon égard ! »

Ces sentiments débordaient du cœur du Père Buyat, comme un parfum précieux déborde d'un vase trop étroit pour le contenir.

Quand l'excès de ses douleurs et la violence des crises lui ôtaient l'énergie et la réflexion nécessaires pour prier : « Un soldat, se disait-il, qui, après une campagne, se présente devant son prince avec des membres mutilés, avec de larges et nombreuses blessures, sans dire un seul mot et les yeux baissés, lui parle bien plus éloquemment que les guerriers qui vantent leurs exploits. Ainsi la douleur supportée avec résignation est la plus excellente prière que je puisse offrir à Dieu. »

Il avait aussi tracé les mots suivants, dans les commencements de sa maladie, comme pour en faire sa règle de conduite :

« La soumission entière à la volonté de Dieu est l'usage le plus raisonnable que l'homme puisse faire de sa volonté. C'est la vertu portée au plus haut degré de perfection ; c'est en même temps le gage assuré du bonheur, autant qu'on peut l'avoir en ce monde, et de l'éternelle félicité. »

Une autre de ses maximes était : « Jésus et la Croix sont unis de la manière la plus intime ; on ne peut pas aimer Jésus sans aimer la croix ; on ne peut fuir la croix sans s'éloigner de Jésus ».

C'est ainsi que le Père Buyat se soutenait par la foi au milieu de ses cruelles infirmités. Éclairé par cette divine lumière, il remerciait le Seigneur de l'état dans lequel il l'avait réduit. Un jour quelqu'un lui parlant des talents qu'il avait reçu de Dieu et du bien qu'il aurait pu faire : « Mes talents! reprit-il, ah! on m'a trop dit que j'en avais. Plus tard, l'orgueil aurait pu tout empoisonner, et je me serais peut-être prêché moi-même, au lieu de prêcher Jésus-Christ. Il vaut mieux que je meure!... »

Un jour, il dit à un de ses confrères qui s'était fait son garde-malade : « Vous vous fatiguez bien pour moi; je n'en vaux pas la peine. » Il ajouta aussitôt : « mais Jésus-Christ en vaut la peine. »

Cependant, il y avait déjà plusieurs mois que le P. Buyat était étendu sur son lit, et son frère aîné qui l'aimait comme un fils (le Vicaire-Général de Belley) n'avait pas été informé de sa maladie. Une lettre du jeune prêtre lui parlait bien d'un enrouement qui lui était survenu ; mais elle ne faisait pas connaître l'état réel de sa santé. Le P. Buyat craignait de lui causer une peine trop grande. Cependant, il se décida à ne pas garder le silence plus longtemps à cet égard. Il prit tous les ménagements possibles pour ne pas trop l'effrayer. Peu rassuré alors, son frère lui demanda des nouvelles précises, et écrivit en même temps au R. P. Supérieur qu'il irait le visiter. Quand on lui parla de cette visite, le malade fut vivement affecté ; elle lui causa une espèce d'effroi, il s'y opposa. Très-sensible et très-aimant, il pensait que la présence de son frère exciterait en lui des sentiments humains qu'il s'était efforcé de bannir, reporterait ses regards vers la terre et lui rendrait la mort moins désirable. Constamment occupé d'idées surnaturelles, calme, résigné au milieu de souffrances aiguës, il désirait vivement conserver la quiétude que le Sauveur lui avait accordée. Sur des instances auxquelles il n'était pas possible de résister, il consentit à un voyage que son cœur de frère désirait, mais que sa foi et son humilité lui faisaient craindre. Ce fut un sacrifice qu'il offrit à Dieu, en lui demandant la grâce de l'accepter et de lui accorder la force d'âme dont il sentait le besoin. « Eh bien ! répondit-il, puisque vous le voulez absolument, je le veux aussi ; ma pauvre volonté est bien accoutumée à se plier dans tous les sens. Venez ; mais, à condition que vous ne verserez pas une larme en ma présence, et que vous vous montrerez aussi content que moi de voir l'adorable volonté de Dieu s'accomplir, quoiqu'il en soit de la nôtre. Ne vous attendez pas à me voir une mine rassurante ; je ressemble à un vrai cadavre, je ne puis plus aller, et il semble que ma fin n'est pas éloignée. Toutefois, je ne serai pas mort à votre arrivée, ne craignez rien à cet égard : vous me trouverez bien souffrant, mais aussi gai que de coutume. Après la première impression, nous trouverons moyen encore de nous réjouir en Dieu. »

Il le trouva en effet dans un état de maigreur et de faiblesse extrêmes ; mais comme il l'en avait prévenu, le sourire sur les lèvres : « Vous voyez, mon frère, lui dit-il, où j'en suis ; Notre Seigneur et sa sainte Mère l'ont ainsi voulu ; ils m'ont accordé une grâce de prédilection, la grâce de mourir jeune et de mourir après une longue et cruelle maladie, supportée avec un entier abandon à leur volonté. Depuis huit mois, j'ai été sans cesse souffrant, je n'ai pas eu, pour ainsi dire, un moment de repos ; à présent je n'ai pas même le soulagement du sommeil ; eh bien ! par leur miséricorde je ne me suis ni ennuyé ni impatienté un instant. Vous resterez auprès de moi le temps que vous jugerez nécessaire ; mais vous ne changerez rien à mes pensées et à mes habitudes : nous ne nous entretiendrons que d'un seul objet, du ciel ; il est assez beau et assez vaste pour suffire à toutes nos conversations. J'ai fait volontiers le sacrifice de la vie, je n'ai plus à m'en occuper, je ne dois plus songer qu'à utiliser le reste d'angoisses que Dieu me réserve encore, et je ne puis l'utiliser que par la foi. »

Son frère, qui ne l'aimait pas seulement à cause des liens du sang, mais à cause du bien qu'il pouvait faire dans l'Église, lui répondit que précisément, parce qu'il était encore jeune, il était fâcheux qu'il mourût avant d'avoir contribué pour sa part au salut des âmes; et que, dans tous les cas, il n'y avait rien que de très-convenable à demander à Dieu sa guérison par l'intercession toute-puissante de N.-D. de Verdelais. Il ne voulut point donner son adhésion à cette demande; sa conviction profonde était que Dieu avait décidé de l'appeler à lui, et cette conviction il la puisait dans le vif désir qu'il avait de quitter la vie.

Il avait placé sur le coin de sa cheminée, une image encadrée de la Sainte-Vierge; cette image, sans être d'un dessin remarquable, avait dans les yeux et dans la figure une admirable expression de douceur. De son lit, il fixait sans cesse ses regards sur elle. Lorsqu'il était seul, il était en conversation continuelle avec le Sauveur et sa sainte Mère. Ces entretiens excités par la foi, animés par la charité, donnaient à son cœur un élan de plus en plus vif, et il aspirait au bonheur de voir en réalité celle dont il aimait tant à voir l'image. « Comment voudriez-vous, dit-il un jour à son frère, me retenir sur cette terre? Qu'a-t-elle de si magnifique et de si attachant? La société y est pleine de haine, de jalousie et d'amertume; les hommes y sont ignorants et ne connaissent aucune vérité d'une manière satisfaisante : tout y est vide et souffrant, le cœur et l'esprit. Dans le ciel, je verrai notre divin Maître, le Verbe éternel, la source de toute vérité; je verrai Marie mon excellente Mère; je verrai saint Paul, les Apôtres, les Martyrs, les Docteurs, saint Augustin, saint Jean-Chrysostôme, saint Basile, etc., etc. Quelle société et quelles conversations! comment voulez-vous que je lui préfère la misérable société de ce monde? Non, non, cela n'est pas possible. Me voilà au port après une navigation périlleuse, et vous voulez me remettre au large pour courir des dangers qui peut-être me seraient funestes ! Me voilà au sommet d'un mât où j'ai grimpé avec une peine infinie, je suis sur le point de saisir le prix, et vous voulez me jeter à terre pour recommencer ! La bonne mort, c'est tout ce qu'il y a à désirer dans ce monde ; la voilà sur le point de me tendre les bras, et vous voulez que je coure la chance de ne plus la rencontrer ! Dieu m'a fait trop de grâces, je ne les refuserai point ; vous-même, vous n'y perdrez rien ; je suis religieux et par conséquent sans cesse à la disposition de mes supérieurs : aujourd'hui ici, demain là, rarement auprès de vous, et toujours en passant. Au ciel, nous sommes en relations continuelles ; vous ne m'entendrez pas, vous ne me verrez pas des yeux du corps; mais en esprit, vous serez vu et entendu de moi. »

Sans doute, des paroles aussi pleines de foi étaient bien consolantes; néanmoins elles n'empêchaient pas son frère d'insister. Quoique la maladie continuât ses ravages, il espérait que l'auguste Marie se laisserait fléchir, et qu'elle lui rendrait la santé par un miracle. Autant le malade comptait sur la mort, autant le frère comptait sur la guérison; ne peut-on pas toujours espérer, quand on espère en Marie? Le R. P. Supérieur-général l'avait chargé de lui déclarer que son intention positive était qu'il demandât sa guérison. « J'accepterais la mort avec plaisir et reconnaissance, répondit alors le Père Buyat; par obéissance j'accepterai la vie; c'est un grand sacrifice; je ne crois pas que le Seigneur me l'impose. Que sa volonté cependant se fasse! » On fit faire des prières ; son frère écrivit au vénérable Curé d'Ars d'offrir trois fois le saint sacrifice à son intention ; une neuvaine eut lieu à Fourvière, et ses confrères unirent leurs prières pour obtenir de Marie, Supérieure de la Société, la conservation d'un serviteur que la mort menaçait d'enlever, au moment où il pourrait le plus utilement travailler à sa gloire. Le malade n'ignorait pas les instances que l'on faisait auprès de Dieu pour sa guérison ; sa confiance en une mort prochaine n'en restait pas moins inébranlable. La veille de l'Assomption, il pensait avoir le bonheur d'aller célébrer dans le ciel le triomphe de Marie; il était, en effet, très-fatigué. Il demanda l'Extrême-Onction ; son frère voulut lui-même lui conférer ce sacrement. C'était une douce consolation pour lui de l'entourer des soins du corps ; il eut la consolation encore plus douce de lui donner les secours de l'âme ; œuvre de charité bien pénible sans doute, mais bien touchante aux yeux de la foi.

Le malade ne fut point exaucé, il se résigna avec sa patience ordinaire aux vues de la Providence ; elle exigeait de lui une épreuve plus longue, une purification plus entière ; il l'accepta avec soumission. Chaque jour, les forces physiques diminuaient sans altérer les forces et la sérénité de l'âme ; chaque jour, la phthisie augmentait ses ravages et dévorait de plus en plus un corps réduit déjà à l'état de squelette. Il se complaisait dans la contemplation de ce corps amaigri et cadavéreux : « Cette pauvre chair, disait-il en souriant, le Seigneur la traite bien comme elle le mérite ! en vérité, combien elle est misérable dans ses passions et dans sa substance : dans ses passions, elle tend vers la honte et le néant ; dans sa substance, elle tend vers la corruption et le néant : l'ignominie et le néant, voilà son instinct et sa loi. Je la vois disparaître et en quelque sorte s'évaporer : *Vapor ad modicum parens.* La douleur exerce sur moi avec la corruption toute la puissance que Dieu leur donna, le jour où il condamna l'homme à les subir ; elles me dévorent la poitrine, elles me dévorent les entrailles, elles me dévorent la gorge, elles me dévorent les oreilles, les yeux et la tête, elles me consument tout entier, c'est leur droit ; elles laissent peu à faire aux vers, ces derniers exécuteurs de la justice de Dieu sur un corps criminel. J'aime mieux le voir ainsi subir des peines qui retomberaient sur l'âme en l'autre vie ; qu'il se dissolve, qu'il se réduise en poussière encore vivant, pourvu qu'il ressuscite glorieux. Quand un homme est renfermé dans une prison, il sourit en entendant le marteau qui la détruit, en voyant tomber pièce à pièce les pierres qui enchaînaient sa liberté ; c'est du même œil que je vois démolir cette prison de chair, et j'aspire au moment où la lumière pénétrera dans mon cachot, et je m'élancerai hors de son enceinte, libre et heureux. Je me figure le plaisir inexprimable que mon âme goûtera, lorsque, sortie du corps, elle le regardera avec pitié et dégoût, et s'écriera : enfin je suis libre de tes entraves et de tes aiguillons, ô chair vile et corrompue ! Enfin tu es tombé de devant mes yeux, ô voile épais et infect ! Va pourrir, ô cadavre ! Pour moi, je vais à Dieu ; à toi la corruption, à moi l'immortalité. »

Cet état de délabrement et d'amaigrissement extrêmes lui plaisait encore, parce qu'il lui paraissait comme un état de pauvreté profonde : « Voilà, cependant, tout ce que je possède ici-bas, disait-il ; ce corps est toute ma fortune ; comme elle est brillante ! » Dieu lui donna de grandes lumières sur cette vertu de pauvreté pendant sa maladie ; il l'estimait plus que jamais ; il voulut, par amour de la pauvreté, n'être couché que sur la paille. Quand il lui manquait quelques petits soins, comme cela arrive nécessairement dans une maison nombreuse où le ministère occupe beaucoup de personnes, il s'en félicitait, loin de s'impatienter. Il se rendait lui-même tous les services qu'il lui était possible de se rendre pour la tenue de sa chambre. Pendant qu'il eut la force de se lever, il ne permit jamais à personne de faire ce qu'il pouvait faire. Il enviait le sort des Frères coadjuteurs, à cause de leur rang et de leurs occupations. « Oh ! que vous êtes heureux, mes Frères, leur disait-il, combien vous acquérez de mérites ; que je voudrais être à votre place ! » Il ne voulut consentir que très tard à laisser veiller ses confrères pour lui donner, pendant la nuit, ce qu'il ne pouvait plus prendre lui-même. Forcé de céder à leurs désirs charitables, il évitait, avec une touchante délicatesse de procédés, tout ce qui aurait pu leur rendre la veillée pénible. Il priait celui de ses confrères qui veillait, de s'asseoir dans un fauteuil, après avoir disposé la veilleuse, de manière à ce que la lumière ne vînt point frapper ses yeux et l'empêcher de dormir. Il l'avertissait de se tenir en repos jusqu'au moment où il l'avertirait. Avant minuit, il lui faisait signe, lui demandant un peu d'eau sucrée; c'était tout ce qu'il désirait. Pendant sa maladie, il ne s'était relâché en rien de la charité et des égards qu'il avait toujours eus pour ses confrères pendant qu'il se portait bien. Ne pouvant plus leur rendre service, il était avec eux le moins exigeant possible. Sur l'observation que lui fit son frère, qu'il ne fallait pas être si réservé dans sa position : « Notre Seigneur sur la croix, répondit il, n'avait pas tant de personnes pour le servir ; on n'était pas si empressé autour de lui ; j'ai vraiment honte d'être traité avec tant de ménagement et de sollicitude, quand il n'avait autour de son lit de bois, pour le soulager, qu'un soldat pour lui offrir du vinaigre et un soldat pour lui percer le cœur. »

On se rendait auprès de lui pour y trouver des paroles de foi et de consolation. « Quand je voulais me ranimer à l'heure de ma lecture spirituelle, dit l'un des Pères, j'allais visiter notre cher malade. Je mettais la conversation sur les choses de la foi, et je l'écoutais. Sa conversation me faisait un grand bien ; plusieurs de mes confrères ont eu souvent recours au même moyen et en ont retiré le même fruit. »

Ce beau spectacle était un sujet constant d'édification et d'attendrissement pour toute la maison, une prédication muette bien plus éloquente que tous les discours. On admirait ce courage toujours égal malgré l'affaiblissement des forces, cette foi d'autant plus vive et plus éclairée, que les souffrances étaient plus poignantes, ce cœur d'autant plus aimant que la mort le serrait de plus près. Quoiqu'il eût le larynx dévoré par une chaleur brûlante, il ne voulut jamais rien prendre après minuit, afin de faire la sainte communion tous les matins. Il se levait alors, prenait sa soutane, un surplis et une étole, malgré sa grande faiblesse, se prosternait humblement quand le prêtre entrait dans sa chambre, adorait anéanti notre divin Sauveur; et lorsque la sainte hostie était déposée sur sa langue, son visage semblait, par l'expression qui l'animait, recevoir un rayon du ciel. Quand un peintre célèbre représentait sur la toile la communion de saint Jérôme, il n'avait pas dans l'imagination une image plus belle et plus pieuse de la communion d'un prêtre mourant. Il pouvait à peine se mouvoir, qu'il se levait encore pour recevoir la sainte Eucharistie ; ce fut avec un vif regret qu'il se décida à la recevoir assis dans son lit. « O mon Dieu! dit-il, le jour où ses forces ne répondirent plus à sa piété, pardonnez-moi de vous recevoir de la sorte, acceptez les sentiments d'adoration de mon cœur, puisqu'il n'est plus permis à mon pauvre corps de vous offrir ses respects et son culte! »

L'histoire rapporte plusieurs stratagèmes auxquels le démon a eu recours, pour troubler dans leurs derniers instants les serviteurs de Dieu. Quelquefois il a employé des tentations affreuses de désespoir ; d'autres fois, il a essayé de les effrayer par des apparitions ou par des bruits terribles. Le Seigneur ne permit pas que le père du mensonge jetât dans l'âme du P. Buyat les sombres appréhensions de ses jugements; mais il lui permit deux fois, au milieu de la nuit, de faire entendre un bruit effrayant. Il a assuré, soit à son frère, soit à d'autres personnes, que, parfaitement éveillé, il avait senti sa chambre ébranlée par des sons stridents d'une nature inouïe, par des voix discordantes, dont les éclats horribles ressemblaient à des ricanements sinistres, à d'affreux hurlements. Jamais rien de semblable n'avait frappé ses oreilles ; ce n'était ni les sifflements de la tempête, ni les roulements du tonnerre, ni les grincements d'une scie sous l'action de la lime. C'était quelque chose de plus épouvantable, un vacarme de l'enfer. Sans s'effrayer, il s'adressa à Marie, fit le signe de la croix, et chaque fois, comme par enchantement, le bruit cessa à l'instant même, la seconde fois, pour ne plus se faire entendre.

Le moment d'une douloureuse séparation était arrivé. Le frère du Père Buyat, qui depuis plus d'un mois était auprès de lui, était rappelé par des affaires pressantes. Ses soins et ses prières n'avaient rien obtenu de la nature et du Seigneur. Il fallait quitter mourant ce frère bien-aimé et laisser à d'autres la sollicitude de veiller auprès de son chevet, et de lui rendre les derniers devoirs. La divine Providence lui imposait un grand sacrifice, en ne lui accordant pas une guérison vivement désirée, et ce sacrifice était rendu plus pénible par les circonstances qui l'accompagnaient.

S'éloigner d'un mourant est plus amer que de s'éloigner d'un mort. Le soir qui précéda cette triste séparation (c'était le dernier soir qu'ils devaient passer ensemble; car dans le ciel il n'y a pas de soir), la conversation fut affectueuse, mais surtout sacerdotale. Ils étaient sur le bord d'une mer qui les séparait de la patrie : l'un allait s'embarquer, l'autre était encore obligé d'attendre; pour l'un, le vaisseau était prêt, les voiles s'enflaient déjà sous le vent de la mort; pour l'autre, le moment de quitter le rivage n'était pas encore arrivé. A la lueur d'une faible lampe, ils s'entretinrent non du temps, mais de l'éternité; non de l'exil, mais de la patrie. « Vous allez quitter Verdelais, dit le Père Buyat, c'est la dernière soirée que nous passerons ici-bas ensemble; très-prochainement, je vous précéderai dans le ciel, j'y prierai pour vous. Je vous tendrai les bras, et vous viendrez m'y rejoindre dans peu de temps ; car les ans, devant le Seigneur, sont à peine des jours. Vous penserez à moi, et je penserai à vous. Ce monde est bien misérable, on ne s'y voit qu'en passant comme des voyageurs qui se rencontrent un instant et se quittent aussitôt ; mais dans l'éternité bienheureuse on se voit toujours ; j'y vais le premier rejoindre mes parents, vous viendrez ensuite et nous formerons une famille éternelle. Je n'ai jamais eu avec vous d'entretien plus solennel ; c'est aux portes de l'éternité que nous causons ensemble avant de nous dire adieu. » Son frère l'écoutait en s'efforçant de ne témoigner aucune émotion extérieure. « Vous vous occuperez de moi auprès de Dieu comme un frère dévoué. — Je vous le promets, » répondit le malade. Avant le départ, ils s'embrassèrent pour la dernière fois. Deux larmes coulèrent des yeux du bon Père. « O mon Dieu! » dit-il, et fixant aussitôt ses regards sur la sainte Vierge, il reprit son calme ordinaire. « Adieu, nous nous verrons au ciel. » Ce furent les dernières paroles que son frère entendit. Il écrivit au malade, de Toulouse et de Nîmes.

Voici la réponse qu'il en reçut :

« Vos deux lettres, mon bien-aimé frère, m'ont causé beaucoup de joie et de consolation intérieure. Je remercie le ciel des dispositions dans lesquelles il met tant de saints amis à mon égard. Je crois que le moment si désiré de la miséricorde ne se fera pas longtemps attendre pour ma délivrance : je suis bien plus mal. Mon âme goûte toujours la même quiétude en Jésus et Marie. En pensant à la proximité du ciel, je suis ravi de bonheur! Oui, vive le ciel, vive l'éternelle action de grâces qu'on y rend à Celui qui nous a comblés de tant de biens! Je voudrais souffrir jusqu'à la fin du monde pour que tous ne pensassent qu'à cela. Adieu, mon bien-aimé frère. Vive Jésus, vive Marie, vive le ciel! »

Il n'y avait plus d'espoir du côté des remèdes et de la nature; mais Dieu est tout-puissant. On continuait à lui demander la guérison miraculeuse du cher malade. Le 17 Septembre, jour de la fête de Notre-Dame des Sept-Douleurs, pendant la retraite générale de la Société de Marie, à Lyon, on offrit toutes les communions, prières et actions dans ce but. Un de ses confrères avait porté le dévouement jusqu'à s'offrir pour lui au Seigneur, à offrir sa vie pour la sienne. Tels n'étaient pas les desseins de Dieu; le P. Buyat était la victime qu'il s'était choisie, et le sacrifice touchait à sa fin. Les souffrances augmentaient chaque jour; la carie s'était mise au larynx; il sentait un besoin pressant de boire, et il ne pouvait le faire qu'en introduisant le liquide au moyen d'un tuyau de paille; encore la sensibilité était-elle si grande, que le passage était extrêmement douloureux et provoquait une toux déchirante qui le suffoquait. Son âme cependant avait toujours la même énergie, et son cœur était dans la même quiétude. Il arrive assez ordinairement que, près du moment où ils vont paraître devant Dieu, les chrétiens les plus fervents désirent faire une confession générale; pour lui, il n'en eut ni la pensée, ni le désir. Étonné de le voir aussi rassuré, le Père Supérieur de Verdelais agit tout autrement qu'il n'aurait fait avec un autre; il essaya de troubler cette paix profonde pour mieux comprendre combien elle était surnaturelle; il lui objecta que les plus grands

Saints, à l'heure de la mort, avaient tremblé. « C'est vrai, répondit-il, mais enfin je me suis confessé bien sincèrement et le mieux que j'ai pu de mes fautes, j'en ai eu un regret sincère, et j'ai quitté le monde pour ne plus y retomber. Notre-Seigneur nous assure que les sacrements effacent les péchés; je crois à sa parole, et j'ai confiance. Je crois en mon Sauveur, j'espère en lui, et je ne serai pas confondu. »

Les trois derniers jours, un de ses confrères eut la charitable pensée de célébrer pour lui la Sainte Messe; la première fois, le jour du saint Rosaire, en l'honneur de la Sainte-Vierge; la deuxième, en l'honneur de son Ange-gardien; la troisième, en l'honneur de son saint Patron. Cette touchante et pieuse attention lui causa une grande consolation. Le 2 Octobre au soir, il éprouva une forte crise en présence de l'un des Pères de la Maison. « Oh ! que je suis fâché de vous faire souffrir par la vue de mes maux ! » dit-il. Dans l'accès de la souffrance, il s'écriait : « O Jésus, mon bon Sauveur, mon ami ! oh ! oui, je vous aime de tout mon cœur. — Vous souffrez beaucoup, lui dit le Père. — Ce n'est pas moi qui souffre, répondit le malade. » Le 3 Octobre à neuf heures et demie, comme il ressentait les accès d'une crise très forte, il demanda à être levé et on le mit sur un fauteuil. Il tomba dans une espèce d'agonie qui fit croire que son dernier moment était arrivé ; on lui fit la recommandation de l'âme, et on lui appliqua l'indulgence plénière. Revenu un peu à lui, il se confessa et reçut l'absolution. Replacé dans son lit, il y passa deux heures dans des souffrances bien aiguës. Il ne pouvait pas rester un instant dans la même position, et se faisait sans cesse retourner; enfin, sans aucune agonie et en parfaite connaissance, il rendit doucement sa belle âme à Dieu. Une personne qui était alors en prière, a assuré qu'elle l'avait vue entrer dans la paix du Seigneur, après une courte purification. On écrivit aussitôt au Révérend Père Supérieur-général pour lui faire part de la perte que la Société venait de faire.

« Mon très-Révérend Père,

« Le sacrifice que la divine Providence nous demandait depuis si long-temps est consommé; le P. Buyat est allé dans le ciel recevoir la récompense de ses mérites. Il a remis sa belle âme entre les mains de son Créateur ce matin, quelques minutes avant midi. Ses souffrances qui furent si cruelles pendant sept mois, ont toujours augmenté jusqu'à sa dernière heure ; mais, loin d'abattre son courage, elles n'ont fait que lui donner une vigueur nouvelle. Il me disait, il y a quelques jours : « Les douleurs que j'endure sont au dessus de tout ce que je pourrais dire ; cependant je ne voudrais pas, pour tout au monde, ne les point éprouver, parce que, si je souffrais moins, il me semble que, lorsque je serai au ciel, je ne sentirais pas aussi bien tout le prix des jouissances ineffables que l'on goûte dans la possession de Dieu et dans la délivrance des misères de cette vie. » Son énergique désir était de sortir au plus tôt de ce monde, afin de jouir de la présence de notre divin Sauveur et de son auguste Mère. Il soupirait ardemment après l'heure qui le réunirait à Jésus et à Marie ; et hier encore, comme je lui disais que le moment était enfin venu, que la couronne brillait déjà sur sa tête, et que la Sainte-Vierge lui tendait les bras pour le recevoir dans le sein de sa miséricorde maternelle, « Croyez-vous, me répondit-il avec un sentiment de joie sensible, croyez-vous que je sois si près de ma dernière heure ? — Oui, mon Père, le temps de la souffrance est passé, le moment de la récompense approche.— Oh ! tant mieux, je le désirais depuis si longtemps !!! » Aussi a-t-il vu arriver la mort avec une grande joie.

« Après une crise violente qu'il a éprouvée ce matin, il nous a dit : « C'est aujourd'hui mon dernier jour. » Deux heures après il rendait le dernier soupir, sans convulsions et sans agonie.

« Vous dirai-je maintenant, mon très-Révérend Père, quel est le sentiment que nous avons tous éprouvé immédiatement après sa mort ? c'est celui d'une joie délicieuse et indéfinissable ; il ne nous a pas été possible de verser une larme. Nous ne pouvions détacher nos regards de cette figure que la mort avait rendue si belle, et qui semblait environnée de l'auréole des Saints; et nous avons baisé avec respect et amour les restes mortels de notre bon frère qui jouit maintenant, nous l'espérons du moins, des fruits de sa patience, et de toutes les vertus religieuses qu'il a pratiquées durant toute sa maladie dans un degré vraiment héroïque.

« Puissent ces quelques détails sur les derniers moments de notre cher frère, adoucir l'amertume que vous éprouverez en apprenant la mort d'un enfant digne de toute votre tendresse, et qui fut toujours animé envers vous, mon Révérend Père, des sentiments du respect, du dévouement et de l'amour le plus sincère, comme je lui entendais dire souvent dans les conversations intimes que j'avais avec lui. »

Le R. P. Supérieur général lut lui-même à la Communauté cette lettre à la fois triste et consolante; il ne put en achever la lecture, il était suffoqué par les larmes. « Quoique sa carrière ait été bien courte, dit-il, je puis dire qu'elle a été pleine. »

Après sa mort, le P. Buyat reçut tous les hommages qui accompagnent ordinairement à la tombe les ecclésiastiques vertueux. « Nous eûmes, dit dans une lettre la Supérieure des Sœurs de Verdelais, la consolation de le voir assis sur un fauteuil, exposé au parloir; on eût cru qu'il y était en oraison. La petite Communauté s'estima heureuse de pouvoir prier quelque temps à ses pieds. Nos dix novices s'empressèrent de remettre leurs divers objets de piété pour les faire toucher à celui que nous vénérons comme un saint. Un respectable ecclésiastique de Bordeaux fut occupé, une partie de la journée, à satisfaire la foule qui voulait avoir le même avantage. »

Lorsqu'on porta son corps au cimetière, plusieurs personnes jetèrent des fleurs sur son passage, honneur qu'il n'eût point accepté de son vivant. Son frère lui apporta un jour quelques fleurs qu'il avait cueillies, dans l'intention de lui être agréable : « Laissons les fleurs, lui dit-il ; Notre-Seigneur a été couronné d'épines, et leur blancheur est peu convenable sur le lit d'un pécheur. »

Les prévisions du P. Buyat n'ont pas été trompées ; il repose à l'ombre du Sanctuaire, où il offrit sa vie le premier jour qu'il en franchit le seuil. Heureux d'être mort dans un asile que l'auguste et tendre Marie bénit et protége, heureux d'y attendre la résurrection des saints !

FIN.

TABLE.

Déclaration. VI
Avant-Propos. VII
William Crofton. 3
Lucie N... 77
Pauline N... 183
Jean-Marie Antelme Bayat. 195

BORDEAUX. IMPRIMERIE DE TH. LAFARGUE, LIBRAIRE.

EXTRAIT DU CATALOGUE

DE LA

LIBRAIRIE DE TH. LAFARGUE, IMPR.r,

Rue Puits Bagne-Cap, 8, à Bordeaux.

Almanach général du département de la Gironde.
— du Bon Catholique.
Ange conducteur; divers formats.
Auréole de la Vierge (*Nouveau Mois de Marie*).
Bibles approuvées; divers auteurs.
Bibliothèque catholique. — *Lille.*
— de la Jeunesse chrétienne. — *Tours.*
Bréviaires (nouveaux); divers formats et reliures.
Cantiques de Missions et autres.
Cantus (petit) ou Recueil de Messes notées et Vêpres, approuvé par S Em. le Cardinal.
Catéchisme du diocèse (nouveau), cartonné.
Chants à Marie, avec et sans musique du P. Hermann.
Chemin de la croix; divers formats et reliures.
Conduite pour l'Avent, le Carême et la Pentecôte.
Connaissance de Jésus-Christ, par le P. Saint-Jure.
Couronne à la Vierge (*Nouveau Mois de Marie*).
Délices des âmes pieuses, 2 vol.
Dévotion à Marie, par Grignon de Montfort.
Devoirs du chrétien; nouvelle et ancienne édition.
Epîtres et Evangiles, in-12 et in-18.
Examens de conscience, divers auteurs.
Graduel Romain, in-fol., in-12, in-18.
Histoire Ecclésiastique, — de la Religion, — de l'Ancien-Testament, — de sainte Elizabeth, — de Luther, — de Calvin, etc., etc.
Horloge de la Passion, par saint Liguori.
Images de dévotion à dentelles et autres.
Imitation de Jésus-Christ, — de la Ste-Vierge, — de S. Louis de Gonzague, divers formats et reliures.
Imitation de Jésus-Christ méditée, 2 vol. in-12.

Introduction à la Vie dévote; divers formats.
Journées du Chrétien, divers formats.
Lettres sur N.-D. de Verdelais, in-18.
Manuel du Chrétien, — des âmes intérieures.
— du Pieux Ouvrier, 1 vol. — du Soldat chrétien.
— de l'Archiconfrerie, etc.
Méditations d'Abelly, — de Médaille, — de Saint
    Ignace, — de Dupont, — de Brandt, — etc.
Neuvaine de Méditations à Saint Joseph.
Miracles de Verdelais, in 18.
Missels Romains, in-fol., in-4.°, in-8.°, in-12.
Mois de Marie, — Debussy, Letourneur, etc., etc.
Notice sur la Médaille miraculeuse.
Office divin, 1 vol.; — *Le même*, 2 vol.
Paroissiens Romains nouveaux (grand assortiment
    de), universels, 2 vol., divers formats et
    reliures, velours, et autres.
Recueil de prières, de Mme Fenoil, divers formats.
Semaines Saintes, divers formats.
Sept Paroles de Jésus mourant.
Sermons et Prônes, d'auteurs divers.
Théologies diverses.
Trésor du Pèlerin de Verdelais, in-12.
Vespéral romain, in-folio, in-12, in-18.
Vies de Jésus-Christ, — de saint Dominique, par
    le P. Lacordaire, — des Saints en 1, 2, 4, 6,
    10, 13 vol. et un grand nombre d'autres Vies.
Visites au S. Sacrement, divers formats et reliures.
Et un grand assortiment d'ouvrages de Religion,
    Classiques et d'Education, pour les Etrennes et
    les Prix.

Il se charge de faire venir par Commission et au prix de Paris, tous les Ouvrages.— Il tient aussi les articles de Bureaux, Papiers, Encre, Plumes. Il achète aussi le vieux Parchemin.

Son Imprimerie assortie en caractères de tout genre, le met à même d'imprimer toutes sortes d'Ouvrages.

ON TROUVE,

CHEZ LE MÊME IMPRIMEUR-LIBRAIRE :

BAUREIN (l'abbé), sa vie, ses écrits; 1 vol. in-12.
BRÉVIAIRE ROMAIN (nouveau) et PARISIEN, in-4º, in-12, in-18, in-32; diverses reliures.
CANTIQUES à l'usage des Missions, in-18 et autres.
CANTUS (petit), extrait du Graduel et du Vespéral romains, approuvé par S. Ém. le Cardinal. (Propriété).
CATÉCHISME DU DIOCÈSE (nouveau), édition de 1856.
DIURNAL ROMAIN (nouveau), à l'usage du Diocèse; 1 vol. in-32 et autres.
GRADUEL et VESPÉRAL romains, divers formats.
LETTRES SUR N.-D. DE VERDELAIS, ou IMPRESSIONS D'UN PÈLERIN; 1 vol. in-12.
MANDEMENTS, INSTRUCTIONS PASTORALES, etc., etc., de S. Ém. le Cardinal Archevêque de Bordeaux, de 1837 à 1856; 3 vol. in-8.º
MIRACLES DE VERDELAIS, 1 vol. in-18.
MISSELS ROMAINS (nouveaux), divers formats et reliures.
NOTRE-DAME DE LA SALETTE, par le P. Xavier de Sainte-Marie, carme; 1 vol. in-18.
PAROISSIEN UNIVERSEL, 2 vol. in-12.
   d.º NOUVEAUX, divers formats et reliures.
TRÉSOR DES PÈLERINS DE VERDELAIS, in-12.
VIES de MM. les abbés LACROIX et BARRAULT, in-18.
VISITES AU SAINT SACREMENT, divers formats.

— *Et en général, tous les Bons Livres de Piété publiés jusqu'à ce jour.*

NOTA. Son Imprimerie, assortie en caractères de tous genres, le met à même d'entreprendre toutes sortes d'ouvrages.

www.ingramcontent.com/pod-product-compliance
Lightning Source LLC
Chambersburg PA
CBHW070758170426
43200CB00007B/823